めぐるきせつ

藤原季節

はじめに

はじめに、僕の癖を紹介する。

新しい本を買うと、匂いを嗅ぐ。鼻をくっつけて大きく息を吸う。すると、新しい匂いがする。

僕は本が好きだった。訳ではない。ただ本さえあれば、そこが僕の居場所になる気がした。学校の教室でも、一人暮らしを始めても、僕はなんとなく本を読んでいた。居場所のない心許なさを、いつも感じていた。

「めぐるきせつ」

そう名付けられたこの本が、今度は誰かの居場所になってくれたらいい。頑張れとか夢を叶えろとか、世界にはそんな言葉が溢れている。でも、もう頑張れないほど苦しい夜だってある。それでも夜は明けるし、季節は巡る。何度でも。

焦らず、気の済むまで眠ったらいい。その枕元にこの本があったなら、それはまるで奇跡だ。

僕に、新しい本の匂いを嗅ぐことを教えたのは、中学のある先生だった。そうやって僕の心に残った言葉の数々を、この本に散りばめた。

その先生が、今どこで何をしているのかは何もわからない。奇跡の代償に、ほんの少しの寂しさが僕に残った。

藤原季節

目次

第三章

報告

宮沢賢治

さつき火事だとさわぎましたのは虹でございました
もう一時間もつづいてりんと張つて居ります

（「心象スケッチ　春と修羅」より）

第一章

迷子

大人たちの手やお尻で視界がいっぱいだった。

子どもの頃、僕は迷子になった。家族旅行で遊園地に行った時の話。あたりには人がいっぱいいて、僕は気がつくと家族を見失っていた。家族を探しながら歩いていると、ある人が話しかけてくれた。僕はその人に手を取られ、迷子センターに連れていかれた。迷子センターの受付には優しいお姉さんがいて、色んなおもちゃが置いてあり、小さなテレビからはアニメ映画が流れていた。迷子センターで過ごした時間は楽しかった。

しばらくすると父が迎えにきてくれた。僕は優しいお姉さんに挨拶をし、父に連れられて食事をしていた家族のもとに合流した。家族は迷子になった僕を見て笑っていた。もちろん心配はしていたけど、深刻な顔をしてピザを頬張る僕が面白かったのだろう。僕としては、こんな緊急事態だったのに何を笑っているんだ、と怒りつつ、お腹も空いてるし、迷子センターが楽しかった報告もしたいし、感情がぐちゃぐちゃで、とりあえず黙ってピザを食べるしかなかった。

最近、幼い頃のアルバムを見返していると、その当時の写真が残っていた。深刻な顔をしてピザを頬張る僕、その横で笑う家族。記念写真の数々。その中に、僕が一人迷子センターに座っている写真があった。父が迎えにいったタイミングで、僕にバレないように写真を撮ったのだ。その写真を見て僕は驚いた。その少年が、泣いていたから。記憶の中では迷子センターは楽しかったはずなのに、写真の中の少年は泣いていた。どうして泣いていたのかといえば、寂しかったからに違いない。僕は、寂しかったんだ。そのことを僕は知らなかった。楽しくアニメ映画を見ている時も、受付のお姉さんに優しくされている時も、僕は寂しかったのかもしれない。ふと思うことがある。僕は今も迷子なのかもしれない。自分で気づいていないだけで、本当は今もずっと寂しいのかもしれない。

十九歳の僕は上京し、俳優を目指すことになる。生まれ育った札幌を離れ東京に行くのに、僕は帰る場所を探していた。広い遊園地をたった一人彷徨《さまよ》い歩く、子どもの頃の僕。これが、僕の最初の記憶。

透明な記憶

夜が怖かった。まだ少年だった僕は夜が怖くて眠れなかった。

母は、僕ら姉弟を寝かしつけたと思うと、静かな音で映画を再生した。眠れない僕は薄目を開けてその映画を観た。映画よりも覚えているのは、映画を観る母の背中だ。母がまだ起きてる、そう思うと安心していられた。映画の音と、母の背中を感じながら僕は眠った。それでも眠れない時は、布団に入る母の腕に触れた。服の中に手を入れて、直で触れた。母の腕はいつも決まって冷たかった。その温度が僕を最も安心させた。母の表情は覚えていない。覚えているのは映画を観る母の背中と、腕の温度だけだ。

透明な記憶。

映画

小学校に入った頃には、映画に熱狂していた。おそらく七歳の時、母の勧めで出会った映画が「マトリックス」だった。落雷が落ちた。僕はそれから狂ったように「マトリックス」を何度も観続け、アクションものそのほとんどを覚えてしまった。レンタルビデオ屋でレンタルし、返却してはその場でまた借りる。この生活が一年は続いた。見かねた両親がついにビデオを買ってくれた。するとほとんど観なくなった。手に入り安心したのかもしれない、子どもの心は不思議だ。それからキアヌ・リーヴスを始めとしたアクションスターたちに猛烈にハマり込んだ。ジャッキー・チェン、アーノルド・シュワルツェネッガー、ジャン＝クロード・ヴァン・ダム、シルヴェスター・スタローン、トム・クルーズ、マット・デイモン、挙げればキリがない。僕は、熱狂していた。

時代劇にも熱狂した。大河ドラマだ。剣道を習い始め、自分のことを「武蔵」だと思っていた。大河ドラマで宮本武蔵を演じた市川新之助（現・團十郎）さんに憧れ、道着の胸をはだけさせ、木刀で電柱を斬りながら稽古場に通った。幼稚園では温厚でボーッとしていた僕だったが、小学生になり、映画や時代劇にハマり込み、剣道を始めてからは、人が変わったようにヤンチャな性格になった。

映画館にはよく祖母が連れていってくれた。父方の祖母は旭川に住んでいて、お正月になると僕が住む札幌までよく遊びにきてくれた。僕は祖母が映画館に連れていってくれることを知っていたので、祖母が来ると「映画館に行きたい」と必死に頼み込んで、バスや電車を乗り継いで映画館に連れていってもらった。僕らはいつでも手を繋いでいた。その祖母の手の温度と、すっぽり包まれているような大きさを、ぼんやりとだけど覚えている。映画館が満員の時でも、店員さんは劇場の通路にダンボールを敷いて、そこに座らせて映画を観させてくれた。祖母は身体《からだ》があまり良くないのに、僕が観たがる映画を一緒に観てくれた。ダンボールに座っていたその日は、確かポケモン映画だったと思う。祖母は僕の隣に座って、嫌がることなくずっと一緒に映画を観てくれた。

父から何かを教わった記憶はほとんどない。父は謎めいた人だった。父は音楽を敬愛していた。部屋には壁一面のレコードがあり、昔は自身も音楽をやっていたらしいが音楽を聴かせてくれたことも楽器を教えてくれたことも全然なかった。一度だけ、キャッチボールをしてもらったことがある。僕は近い距離でボールを投げ合いたかったのに、父はどんどん離れて遠投でボールを投げた。そんな遠いところにボールを投げたことがなかったので力強くボールを投げた。めちゃくちゃなところにボールが飛んでいかないかとても不安だった。父とキャッチボールをしたのはこの一回きりだ。父は音楽もボールの投げ方も教えてくれなかったけど、僕に二本の映画を教えてくれた。この二本の映画は後に紹介するが、あれから二十年以上経った今でも、僕の心の中心にはこの二本の映画がある。

剣道

小学校の時はずっと坊主だった。記憶を辿っても、剣道の記憶しかない。僕の通っていた道場は弱小だった。そのことがコンプレックスで、他の道場の稽古にもたくさん行った。初めは母と二人で自転車に乗って、どこまでも行った。重い防具は、母が担いだ。その母の背中を、僕が追いかけた。

母は剣道の経験者だった。僕が六歳の時、剣道の道場に連れていってくれた。時代劇と剣道のダブルパンチで心打たれた少年は、見事に剣道にハマった。初めて道場を見学しにいった日、竹刀を持たされた。僕はそれを見よう見まねで振り回した。その日には入会が決まった。気がつくと母も入会していた。やがて姉も、それから妹も、入会した。我が家の会話は剣道で持ちきりだった。父は試合の日になると、ビデオカメラで僕らを撮影した。試合に勝てば母が喜んだ。強くなりたかった。

稽古は辛くて嫌いだった。我が家では稽古の前に決まってカレーライスが出るので、カレーライスも嫌いだった。カレーライスを食べたら稽古に行かなくてはならない。憂鬱なカレーライス。けれども剣道を辞めたいとは思わなかった。剣道や、剣道仲間の存在は、僕の世界にあまりにも当たり前にあった。

小学校高学年になると、坊主の少年は一人で防具を担ぎ始めた。それまでは、母と二人で自転車に乗って色んな道場に行ったけど、マウンテンバイクの荷台に防具を縛り付けて、一人でどこまでも行った。稽古は嫌いだけど、強くなりたかった。でもどんなに稽古をしても上には上がいて、全然勝てなかった。相手が強ければ強いほど、萎縮して実力を発揮できなかった。いつしか負けても泣かなくなった。敗北に慣れると、武道は終わりだ。

中学では剣道部に入った。そこで各々の道場に通っていた剣道少年たちが、一つのチームに集まった。そのメンバーは強かった。初めて強いチームに所属することができて、僕は嬉しかった。そして剣道部の先輩たちの中には、不良がいた。不良の先輩はＨＩＰＨＯＰとか喧嘩とか下ネタとかを僕に教え込もうとした。でも部長が厳しい人だったので、僕が不良の真似事をしようとすると、よくぶん殴られた。部長には弟がいて、その弟は僕の同級生であり、最大のライバルだった。小学校の時からライバルとして戦っていたが、同じチームになってみるとすごく心強かった。

世界が急速に拡大すると、家族とのコミュニケーションが減っていった。稽古前に出てくるカレーの記憶も薄れ、母は試合を観にきたけど、昔のように一緒に稽古をすることは無くなっていった。剣道という、我が家の会話が無くなっていったことは大きかった。

反抗

僕が通っていた中学はいじめが多かった。僕もいじめに加勢したし、いじめの標的にもなった。標的になった時は、図書室に駆け込んだ。けれどもそこも見つかってからは、図書室の本をトイレに持ち込んで、鍵を閉めて本を読んだ。「死ね」と大きな声で言われていたけど、先生は助けてくれなかった。そのいじめがどう終わったかは覚えていない。

そのうち、僕の反抗期がひどくなった。学校で溜まったストレスを家でしかぶつけられなくなった。僕の反抗期を、母は全力で止めた。僕が非行に走らないよう母は必死だった。ただ、必死に抑えつけられるほど僕の反抗はエスカレートしていった。二つ歳上の姉も思春期を迎え、我が家の元気印は小学生の妹だけになった。この時期は、その妹にすら辛く当たってしまった。家族で外食をすることも無くなっていき、家の空気は変わっていった。

僕は苦しかった。学校で自分の居場所を守らなくてはいけなかった。だから悪さをしたりして、必死に自分の存在をアピールした。しかし何故か、誰かに怒っている時もみんなと笑っている時も、自分が演技をしているように思えた。本当の自分はどこにいるんだろうと思っていた。担任は、荒れるクラスがどうにかならないかと僕に相談した。なんで僕に相談するんだとその時は思ったけど、仲間の中にいる僕の本当の胸の内に気づいていたのかもしれない。その担任はそれから少し経って、学校に来なくなった。

今思い返してみると、幼稚園児だった頃や小学生だった頃は、とても正義感が強い少年だった。幼稚園で喧嘩が起こると、ひとりぼっちになった子と砂場で遊び、喧嘩相手が謝りにくるのを一緒に待った。「ごめんね」「いいよごめんね」そのやりとりをそばで見て、得意の泥団子をまんまるに作ってみんなを笑顔にした。

小学生の時、体罰が激しい先生がいて、その先生の標的になった。みんなの前で殴られた。それでも僕以外の人がやられそうになると、何故か「ドリフの大爆笑」を大声で歌い、僕が代わりにボコボコにされた。全然怖いとは思わなかった。でも悔しかった。強くなってボコボコにしてやりたかった。そのうち先生の暴力が親たちの間で明るみになり、母は僕を泣きながら抱きしめた。その先生は「病気で記憶がない」と言って姿を消した。

正義感も、優しさも、中学生の自分にはなかった。外で誰かに迷惑をかけるたび、母は学校や色んな場所に駆り出され、涙を流し頭を下げた。なんだか、いつも母を泣かせていたような気がする。

友人
その一

中学の時、不登校の友人がいた。彼を学校に連れ出すために、毎朝玄関の前でずっと待っていた。あと十分、あと十分。待ち続けたけど、やがて諦めた。学校が終わると、そいつの家に遊びにいった。僕は自転車の後ろに彼を乗せ、大声で歌を歌った。僕が歌い始めた歌は、必ずと言っていいほど彼に奪い取られた。でも僕はそれで良かった。

彼は、家族とも先生ともうまくコミュニケーションが取れず、部屋に引きこもることが多くなっていた。一日中部屋にこもってゲームをしていた。家で居場所が無くなっていく彼を、僕はよく、そのマンションの非常階段に連れ出した。その非常階段は、マンションの外にむき出しになった螺旋階段だった。四階は意外と高い場所にあって、通行人の目にも入らないし、他の住人が通ることもほとんど無い。僕らはそこに座り込んで、カップラーメンを食べながら好きなだけ話をした。そこは他の友人たちも、家族すら入ることのできない、僕らだけの聖域だった。

僕らは中学校を卒業し、別々の高校に進むことになる。しかし彼は、その学校をすぐ退学した。彼はバンド活動にのめり込み、僕らは離れる時間が多くなった。もちろんバンドのライブにも何度か行ったし、彼の家にも遊びにいっていたけど、彼が家庭の事情で地元を離れてしまってからは、ほとんど会うことも無くなった。後で聞いた話だが、彼は地元を離れてから過ごしていた時間が、生きていて最も孤独だったそうだ。

東京を目指す時、僕は彼に電話をかける。

高校

地元から離れるために、陰で勉強をして、遠く離れた進学校に入学した。内申点が酷かったので、入試テストではかなり高得点を取らないと合格できなかった。試験が終わって、すぐにファーストフード店で答え合わせをした。そんなことまで覚えているくらいだから、高得点を取れたことは嬉しかったのだろう。

その学校を選んだのには、もう一つ理由があった。その学校には、中学時代の剣道部の部長がいたのだ。僕がよく殴られたあの厳しい部長だ。部長の弟、つまり僕の同級生のライバルも、その学校に進学した。剣道部に入部して、その兄弟を追いかけようとしたのかもしれない。僕は中学の喧騒から離れ、剣道に打ち込もうとしていたのかもしれない。でも僕は剣道に対して強烈なコンプレックスがあった。中学では、僕がどんなに稽古をしても、ライバルには勝てなくなっていた。僕が稽古を休んでいた時も、ライバルは毎日のように稽古をしていた。高校に入ったらもう剣道は辞めたかったのに、僕はまだライバルを追いかけた。剣道を追いかけた。まだその場所にいたかったのかもしれない。六歳から続けていた剣道を失うのが怖かったのかもしれない。

高校での剣道は一年も続かなかった。練習についていけず、部長やその弟にもついていけなくなっていた。僕のコンプレックスは肥大していった。いっそすべて投げ出せば楽になるだろうかと思った。それでも剣道部のみんなと過ごす時間は楽しかった。防具を担いで、一時間自転車を漕いで登下校した。バスに乗りたかったけど、剣道部のみんなと自転車で帰りたかった。みんなは防具や竹刀を肩にかけて、片手にお菓子をつまみながらスイスイ自転車を漕いだ。叫びながら坂道を登っていった。僕はついていけず、離れていくみんなの背中を見ながら歩いて自転車を押した。遠かった。背中が小さくなっていった。強がって、頭を丸坊主にしてまで高校剣道に食らいついた。でももう竹刀を握る力は残っていなかった。十年続けた剣道を僕は捨て、剣道もまた僕を捨てた。

「剣道を辞めます」

厳格な顧問の先生はとても悲しそうにしていたが、僕を引き留めなかった。何故かそれ以降の記憶が欠落しているのだが、僕は部長やみんなにどう挨拶して、どう別れたのだろう。どう、部室のロッカーを片付けたのだろう。何も思い出せない。その日から、すべてに無気力になった。

何もやりたいことがなかった。とにかく眠ってばかりいた。剣道を失い、剣道部の仲間を避けるようになった。友達は少なく、やっとできた友達も昼休みになると僕を避けたので、一人で弁当を食べた。教室で食べるのが恥ずかしいので校舎裏に行った。白い雲が浮かぶ、巨大な泉のような青空が綺麗だった。特別悲しくはなかった。ただ僕はその青空を、泳ぐみたいに見つめていた。昼休みの残りは図書室にいた。本なんて読みたくなかった。

とにかくこの街から離れたかった。僕の頭には、いつも地元や家族のことがあった。コミュニケーションのうまくいかない家族。失った剣道。家庭の事情で地元からいなくなった親友。ここじゃないどこかへ行って、次の人生を始めたかった。

金がなかったので、ファミレスでバイトを始めた。バイト先のみんなは僕に優しくしてくれた。店長が厳しくも優しい人で尊敬できたので、真面目に働いた。無気力な自分が唯一必要とされる場所だった。一年以上は続いたと思う。辞める時、先輩が僕のために泣いてくれた。嬉しくて僕も泣いた。

なけなしの単位だったが、なんとか高校を卒業させてもらった時、僕だけ何も進路が決まっていなかった。僕はこの街を抜け出して、東京へ行こうと思っていた。親友にも誰にも語ったことのない夢があった。俳優になりたかった。

俳優になりたいと口に出して言うことがどうしてもできなかった。あの時素直に言っていれば、色んなことがうまくいったのかもしれない。でも誰にも言えなかった。口に出せないほど大切なことだった。どうすれば東京に行けるか、考えた。それで、大学に進学しようと思った。泣かせてばかりいた母を喜ばせたかった。僕の浪人生活が始まった。

浪人

予備校に入った。母は予備校も大学もお金を出してくれた。家は別に裕福じゃなかったのに、母はなんとかして、お金を工面した。

その一年の間に、両親が離婚した。僕は両親の離婚や、別居の話し合いの間に挟まれながら、一日に十時間以上勉強した。予備校で授業を受けていると涙が出た。泣きながらノートを取った。目の前が真っ暗だった。東京、東京。それだけを考えて勉強をした。一度、家庭の空気に耐えきれず、家出をした。同じ予備校に通っていた友達が、新千歳空港までついてきた。そこで友達に諭された。僕は母のことが心配になって引き返した。

ある日、母に「抱きしめて」と頼まれたので、抱きしめたら母が泣いた。母さん、小さくなったな。母を抱きしめながら、東京のことを考えていた。東京、東京。守りに入ったら絶望に負けると思った。東京には夢も希望も待っているんだ。キラキラしたキャンパスライフ。俳優という仕事。たくさんの出会い。

父が出ていった。

二月、受験のために東京に向かった。数日前に宿を取ったが、地元を離れ東京に着いた途端、集中力が切れた。地方の受験生にはよくあることなのだろうか。その数日、僕は全然勉強をしなかった。ここまで頑張ったのに。そして僕は第一志望の早稲田大学に落ちた。得意の現代文も何が書いてあるか全くわからなかった。

滑り止めの大学に入学金を払っていたので、そのまま入学した。滑り止めの大学は、入学金をすぐ払わなければならない。第一志望に合格してそちらに進学すると、滑り止めの大学の入学金は、水の泡になるシステムだ。しかし水の泡にならずに済んだ。ビートルズを聴きながら、格好良い自転車に乗って高田馬場を走るのが夢だった。でももう一年浪人する気持ちにはなれなかった。早く東京に行きたかった。本当に長い一年だった。

予備校の友達は、早稲田大学の試験に落ちて二浪することが決まった。僕らはそこで離ればなれになった。あの時、新千歳までついてきてくれてありがとう。友達はその翌年の試験で、早稲田大学に合格した。でも僕たちが再会して仲良く遊ぶということはなかった。

父から教えられた映画　その一

「スタンド・バイ・ミー」という映画がある。知っている人も多いと思うが、少年四人が死体を探して線路を歩き続ける青春映画だ。

父はこの映画を僕に教えることで、何かを伝えようとしていた。少年の僕は、この映画が好きになった。アクション映画にしか興味を示さなかった僕が、ヒューマンドラマを好きになった。この映画は僕の心の原風景となり、今も心から消えない。僕は何かに迷った時、歩いて旅をする。無心で何日も歩き続ける。その時の僕は、時を逆行して少年に戻ろうとしているのかもしれない。映画の中で、線路沿いを歩き続ける彼らのように。

この映画の好きなところは、少年たちが主人公なところだ。彼らが暮らす小さな街には、歳上の不良たちがいる。不良たちは退屈な日常をやり過ごすために、みんなでたむろして悪事を働く。少年たちなど眼中にないが、視界に入るといじめる。その人生を生きる不良たちにとって、主人公は自分たちなのだ。その不良たちもかつては少年だったから、この小さく狭い街で少年たちが通過する大抵の悩みは知っている。不良たちは歳を重ねるごとに、その悩みから目を逸らす術《すべ》を知っていく。その術を知ることが大人になるということなのだ。しかし少年たちにとって、いま目の前にある悩みは、この世界のすべてだ。少年は、その切実な痛みから目を逸らさない。純真な心は傷つき、少年は悲しんでいる。本当のドラマは、街の不良たちにあるのではなく、その陰に隠れた少年たちにある。だから少年は、最後に不良たちに向かって銃口を突きつける。本当の主人公が自分たちであることを証明し、誇りを勝ち取るために。

線路の上を歩き続ける彼らの姿は、永遠だ。先の見えない線路の上を、ボロボロの靴で歩き続ける。この先に何かが待っているかもしれない。何も待っていないかもしれない。それでも帰ってくることのない一瞬の永遠を、少年たちは生きている。

僕は永遠の少年でいたいと思う。いられるかもしれないと思う。運命に抵抗し、歩き続けることができるかもしれないと思う。「スタンド・バイ・ミー」はその夢を僕に何度でも与えてくれる。映画に出演することも、迷うたびに旅に出ることも、僕には同じことで、僕はこの痛みを確かめ続けて、純真な心のままで、永遠を見つけようとしているのかもしれない。

上京

十九歳、札幌を抜け出す。
すべてから逃げ出して、東京を目指す。
上京の準備はほとんどしなかった。インターネットで適当に物件を契約した。母は、お皿や日用品を買ってダンボールに詰めてくれたけど、お皿は自分で選ぶと言っていらないと断った。すべてのことを自分で決めてみたかった。母は悲しそうな顔をしていた。それが上京する時に唯一覚えている母の表情だ。出発する時、家族とどのように別れたかは覚えていない。

「東京行こうぜ」

僕は、家庭の事情で地元を離れていた中学の友人に電話をかけ、東京に誘った。友人は、僕と一緒に札幌を出る決意をした。彼もまた、札幌にはもう居場所がなかった。約束された場所は苦しいだけだった。僕は、俳優になりたいと彼に打ち明けた。僕は俳優、彼は音楽で有名になると誓った。そして何故だかわからないけど、僕らは電車で東京に向かうことにした。家族との別れもまともにしてないのに、この街と別れるための実感が欲しかった。今はもう廃線となった「急行はまなす」という夜行列車に乗って、大雪が降る青森に着く。浅虫温泉で風呂に入り、盛岡の安宿で一泊し、ひたすら電車で東京を目指した。何を話したか覚えていないが「大人になりたくない」と言って一度だけ泣いた。何故だか二人とも涙が止まらなかった。

札幌市

宮沢賢治

遠くなだれる灰光と
貨物列車のふるひのなかで
わたくしは湧きあがるかなしさを
きれぎれ青い神話に変へて
開拓紀念の楡《にれ》の広場に
力いっぱい撒いたけれども
小鳥はそれを啄《ついば》まなかった

（「春と修羅 第二集」より）

第二章

東京

東京に着くと、冬の装備をした僕らには驚くほど暑かった。人の歩くスピードが異常に速く、何度も人にぶつかりそうになり、歩くのが難しかった。インターネットで契約した八王子のアパートに辿り着いた時は、自由を勝ち取ったような気がした。友人は練馬に、節約のために食事付きの寮を契約していた。それでも誰にも邪魔されることのない場所、やっと手に入れた自分たちだけの部屋だった。

東京は、想像していた場所とは少し違った。夢や希望が転がってキラキラしていると思っていたけど、現実はそんなに甘くはなかった。みんなが現実と向き合い、一生懸命働いていた。一つの目的地へ向かって、すごいスピードで歩いていた。「有名になりたい」という夢を抱いてオドオドする僕らの姿なんて、目に入らないようだった。東京に来ればすぐ有名になれると思っていた。でも東京は僕らを無視し、邪魔だよと肩をぶつけてきた。現実を知って、心が折れそうになった。故郷を離れるのはやはり寂しかった。頑張って作ってみた野菜炒めはべちゃべちゃしていて不味かった。母の料理がこんなに恋しいと思ったことはなかった。

それでも、もうあの街へ帰るわけにはいかなかった。

俳優

どうすれば俳優になれるのかわからなかった。

十九歳、僕は中央大学文学部フランス語文学文化専攻（現在の名前）に入学する。多摩という、東京の中でも端に位置する、自然に囲まれたキャンパス。中央大学は学びにいく場所で、夢を追う場所には適していないようだった。なにしろやることがない。上京するためだけに入った文学部フランス語文学文化専攻。もちろんフランス語に興味があるわけはなく、単語や文法を覚えられるわけもない。周囲に馴染むのも難しく、高校の時とほとんど変わらず僕は一人だった。広い食堂に入っても、どこに座ればいいかわからない。俳優になりたいのに、必修科目の太極拳をやっている。教室に入ると「帽子を脱げ」と注意される。義務教育を終えてお金を払って大学に来ているんだから好きな服装で授業を受ければいいのに、と僕は思う。フランス語も文化人類学も哲学も響かない。日々を悶々と過ごしていた。その大学で一つだけ勉強になったことがある。フランス文学の先生が言った、

「退屈と思える本でも、たった一行だけ自分を感動させてくれる文に出会えれば、それでいいと思っている」

という言葉だった。大学に、明確な意志を持って通えば、通い続ければ、僕だって色んな学びや出会いを得ることができたのだろう。大学の授業が僕に響かなかったのは、あの時の僕の心に問題があったのだと思う。どんな場所であれ、たった一つ自分を感動させてくれるものを見つけ出すことができたなら。

　僕は映画をたくさん観ようと思った。というより、授業を受けるよりもよっぽど興味深い場所を見つけたのだ。大学の中にある、映像視聴覚室。そこに閉じこもるようになった。小学生の時も、中学生の時も、高校生の時も、図書室にいた。大学では視聴覚室だ。そこにはヘッドホンをつけて座れる自分の場所があって、映画は僕だけのために再生された。心が落ち着いた。僕はそこで数々の作品を観た。大量の邦画に触れ、蜷川幸雄の演劇もここで初めて観た。その小さな映像ブースの中で、僕の世界は激しく拡大していった。

　こうして僕は、単位を落とした。速攻だった。恥ずかしい。まだ友人すらできておらず、食堂の使い方すらわからないのに、太極拳に行かなかったせいで留年が確定した。お母さん、ごめんなさい。でも切り替えは早かった。単位を落としたのであれば仕方ない。映画を観よう。僕は自宅と視聴覚室を往復し、映画を観続けた。しかし、勉強を続けていても、どうすれば自分が俳優になれるのかはわからなかった。春が終わろうとしていた。

　初夏、大手の芸能事務所を訪ねてみようと思った。インターネットで有名な芸能事務所を調べて、電話でアポも取らずに履歴書を持って訪ねていった。オフィスの入り口が開いていたので入っていった。事務所にいたオジサンは怪訝《けげん》そうに僕を見た。

「俳優になりたいんですけど、どうすればいいですか？」

そう話しかけると、その人は困惑しながら、

「えっと、オーディションを受けてくれる？　ネットから応募できるから」

その言葉を聞いて、僕は冷めた。なんだ、わざわざ訪ねてきたのに相手にしてくれないのか。全然ドラマがないじゃないか。この事務所はやめておこう。僕は勝手に不合格の判断を下し、そのオジサンに履歴書を渡して帰っていった。もう一つ芸能事務所を訪ねたが、門前払いをくらった。そこには好きな俳優も所属していたので、挨拶できないかと聞いてみたが、扉を十センチくらいしか開けてもらえなかった。それで芸能事務所への未練が消えて、かえって気持ちがスッキリした。


僕は大学の演劇サークルを訪ねてみることにした。とにかく早く演技がしてみたかった。中央大学第二演劇研究会、通称ニゲキ。ちなみに第一演劇研究会はない。ニゲキの溜まり場である地下ホール。そこの重い扉を開ける時の緊張感は忘れられない。上京する時の母の表情は覚えていないのに、あの扉は鮮明に覚えている。あの一歩が今の自分に繋がっている、そんな気がする。東京に出て、大学に入学して、つまらないと感じながら授業を受け、友人を一人も作らず、視聴覚室にいる毎日。その毎日が激変した。

その重い扉を開けると、ニゲキの人たちがいた。煙草の煙がモクモクして山積みの灰皿がそ

こらにあり、離れたところでは室内なのに餃子を焼いて昼からビールを飲んでいる先輩がいる。もう七年生になる先輩が木材で自分の部屋を作り生活しているし、その横では新入生が発声練習をしている。カオスだ。学校に馴染めない変わり者の巣窟のような場所だった。ニゲキは学内からも白い目で見られていた（数年後、大学や世の中の規制が厳しくなって地下ホールは一掃される）。その当時混沌としていたニゲキだが、演劇活動にはかなり真面目に取り組んでいた。発声練習は欠かさないし、公演期間中は走り込みやトレーニングもする。公演期間は都内の小劇場を借りて、美術の立て込みから照明音響のオペまですべてを自分たちで行う。入部して、初めて東京で知り合いができた。嬉しかった。

季節は夏になっていた。僕は入部して間もない異例のスピードで、夏の演劇公演に出演することになる。出してくれと懇願しまくったのだ。

二〇一二年八月の夏、僕は俳優になった。

初めまして。[redacted]と申します。
004
締切の日にワークショップの事を知り、用紙の印刷が間に合わず、
自分でプロフィールを作成しました。ごめんなさい。

[redacted]

現住所 [redacted]

北海道出身 B型 1993年1月18日生(20才)
身長173cm 体重56kg
2013年4月 中央大学 文学部 中退
2013年11月公開映画「花鳥籠」主演
2014年公開予定映画「ケンとカズ」出演

・理想とする俳優
二十歳前後のレオナルド・ディカプリオ
River phoenix
木村拓哉
窪塚洋介
等

・好きな映画
「スワロウテイル」
「愛のむきだし」
「太陽と月に背いて」
「マイ・プライベート・アイダホ」 等

初舞台

楽しかった。これだ、と思った。確かにそう思った。自分を覆っていた厚い仮面を脱ぎ捨てるような、そんな快楽がそこにはあった。阿佐ヶ谷の小劇場、ただの学生演劇だ。でも、その場所で学んだことは今日も僕の心の中で生き続けている。それは子どもが新しい世界に飛び込むような感じで、発声練習も筋トレも感情解放も、すべてが僕に真新しく楽しかった。他人が書いた台詞を読んで他人を演じているのに、そこに本当の自分がいるような感覚。それは嘘で塗り固められたように感じていた自分の人生に革新をもたらした。僕は演劇にのめり込んだ。その二ヶ月後には先輩の舞台に出演したし、そのさらに二ヶ月後にはネットでオーディションに応募して舞台に出演した。大学なんて通っている場合じゃなかった。だって、革新が起こったんだから。初めて夢中になれるものを見つけた。でもそれは諸刃の剣でもあり、自分自身や生活は次第にボロボロにもなっていた。チケットのノルマを支払うために借金をした。後には引けなかった。俳優を志すほどに、破滅的なものが僕にのしかかってくるようだった。

初舞台で僕が手にしたのは茨《いばら》の道への片道切符だ。もう後戻りはできない。そこには未来への希望と、現実の絶望が同居している。その先に楽園が見えているはずなのに、無数の棘《とげ》が僕を突き刺す。十九歳の僕は、一瞬も躊躇《ちゅうちょ》することなく片道切符を買った。借金が、また膨らんだ。

出逢い

　ニゲキの公演に出演した後、僕は先輩に誘われ劇団を立ち上げることになる。吉祥寺にある小さな劇場を借りて、必死にチケットを売って旗揚げした。この劇団ではその後も公演をやるが、気がついたら主宰者がいなくなって自然消滅した。僕はもっと外でも演劇をやっていかなければと、インターネットで募集されていたオーディションに片っ端から応募した。オーディションに行ってみて、ここのカンパニーは危険な匂いがする、と逃げたこともある。あえて危険な匂いのするところに飛び込んだこともある。その最も危険な匂いのしたところが、アナーキーフィルムと呼ばれるカンパニーだった。

　主宰者はヨリコジュンという男性で、新宿歌舞伎町の地下のキャバレーを改装して作ったその劇場では、オーディションに受かったダブルキャストの俳優たちが五十人ほど集まっていた。五十人の俳優が集まってウォーミングアップしている景色は、すごいインパクトだった。それぞれ色んな劇団や事務所に所属した俳優が、一つの場所で切磋琢磨していた。主演は毎熊克哉という俳優で、僕は準主演に抜擢された。

　僕は稽古中に二十歳の誕生日を迎えた。そこで毎熊克哉が初めて話しかけてくれて飲みにいこうということになった。密《ひそ》やかな誕生日会だった。終電を逃して、朝になるまで居酒屋で過ごした。アナーキーフィルムの稽古場は熱量が大きかった。話し合いの中で喧嘩もよくあった。稽古が終われば居酒屋に行った。一杯百円のビールとハイボール。そこで何時間でも演技論をぶつけ合った。もうこういう経験はできないかもしれないなと思う。あれから十年で時代や価値観が激変した。その最後の時代に取り残された、古くて人間臭い俳優たちとの出会いは、僕の心の中にずっと残っている。五十人いた俳優たちは、もうほとんどが劇場に立っていない。

公演の本番前、母に電話をして大学を辞めることを告げた。母は取り乱していたが、もうすぐ本番が始まると言って、むりやり電話を切った。すごく取り乱していたのに、その月も仕送りが振り込まれていた。無償の愛を、当たり前のように受け取った。

この公演が終わって少し経ったある日、毎熊克哉から連絡が来た。

「今度、自主映画のオーディションがあるけ、参加してくれん?」

僕は初めて自主映画のオーディションを受けることになった。それが映画「ケンとカズ」だった。主演を狙って演技をしていたのに監督の小路紘史《しょうじひろし》がケラケラ笑う。なにくそと演技をするも、さらにケラケラ笑われる。それで決まった役が主人公の弟分、テルだった。初めての映画撮影。初日に小路紘史から三万円を渡された。

「ギャラを先に渡すから、現場には絶対来て」

僕の交通費が無くならないように、ギャラを前渡ししてくれたのだ。「これでもう逃げられないからね」と言って小路紘史は笑ったが、目は笑っていなかった。

撮影は楽しかった。右も左もわからず夢中で演技をした。というかあまり演技をしている自覚はなかった。伸び放題の髪の毛、ボロボロのスニーカー、衣装の作業服を着て、現場に通ってアニキたちとわちゃわちゃしてたらヤクザに拉致《らち》られて刺されたという感じだ（もちろん物語の中での話だが）。先の話になるが、この三年後「ケンとカズ」が公開されてから映画のオファーが舞い込んできた。テルという役が当たったのだ。僕は今でもこの映画が好きだ。

「ケンとカズ」の撮影をしていた二〇一三年九月二十一日、運命の出会いがあった。オフィス作という芸能事務所のワークショップオーディションで、女優の松田美由紀さんと出会ったのだ。美由紀さんは五十名の参加者の前に立つと、ゆっくりこう話し始めた。

「今日は優作の誕生日です。このような日に貴方たちと出会えたことに運命を感じます」

僕の胸は、灼熱した。

二十歳

二十歳の自分について少し書いておきたい。

日々はすごく退屈だった。強烈な生への体験を求めて東京に出てきたけれど、ほとんどの日々は何も起きることなく無意味に過ぎていった。僕は次第に無気力になっていった。その無気力さを、映画や本によって誤魔化した。物語が与えてくれる感動は、一瞬にせよ僕を陶酔させてくれた。

「二十歳になるなんてなんだか馬鹿みたいだわ。私、二十歳になる準備なんて全然できてないのよ。変な気分。なんだかうしろから無理に押し出されちゃったみたいね」

村上春樹の小説「ノルウェイの森」の直子の言葉だ。二十歳という言葉を見ると、十九歳と二十歳の間を彷徨う、この小説の登場人物を思い浮かべる。ちなみに、同じく村上春樹の小説でいえば、十五歳は「海辺のカフカ」のカフカ少年、この文章を書いている僕の年齢である二十九歳(執筆当時)は「羊をめぐる冒険」の主人公ということになる。僕は自分の年齢を、このように物語の人物と照らし合わせて考えることがある。あらゆる文学を、この時期に読んだ。元々影響を受けやすい性格もあったせいか、物語の人物に激しく感情移入をすると、人物が憑依《ひょうい》したみたいになることがあった。「人間失格」に影響されていた時期は、激しく自堕落な生活が続いたりした。

ある時、七分間の映画を撮った。出演も撮影も編集も僕一人で、タイトルはそのまま「二十歳」だった。父から譲り受けたノートパソコンのインカメラで撮影した。七分間でも、僕が映画と呼べば映画だった。何をしていいかわからなかったけれど、自分の生命が躍動しているという証明を残しておきたいと思った。だからカメラの前で踊ったり走ったり、夕陽の前で置き時計を破壊したり、とにかく滅茶苦茶な七分間になった。この映画の中で、僕はオスカー・ワイルドの小説「ドリアン・グレイの肖像」の、ある台詞を朗読している。

「ああ！　若さがあるうちにこそ、若さというものを知っておかなくては。退屈な連中に耳を貸したり、救いのない惨状をよくしようとしたり、無知で凡庸で俗悪な輩のために君の人生を与えたりして、すばらしい日々を浪費するのはやめたまえ。そんなのは病的な目標だし、現代の偽の理想だ。生きるんだ！　自分の中にあるすばらしい人生を生きたまえ！　与えられたすべてを生かすんだ。常に新たな感覚を探しつづけたまえ。何もおそれることはない」

「ありふれた丘の花はしぼんでもまた花を咲かせる。金蓮花は来年の六月も、今と同じ金色に輝いているだろう。もうひと月もすればクレマチスに星のような紫の花が咲き、年ごとに、緑色の夜のような葉には同じ紫の星がきらめくだろう。しかし人は若さを取り戻すことはできない。二十歳の頃に高鳴った歓喜の鼓動は、だんだん鈍くなっていく。手足は弱り、感覚は衰える。醜怪な人形のような姿に衰え、おそれのあまり近づけなかった情熱や、身をまかせる勇気のなかったすばらしい誘惑の記憶ばかりにさいなまれるようになる。若さ！　若さ！　若さをのぞいたらこの世に何が残るというのだ！」

この映画は今どこに行ったかわからない。

この時期、実は映画に初出演している。ポルノ映画だった。激しい濡れ場があったが、そんなことは気にせず全力で演技をした。チャンスがあれば、どんな場所であれ迷わず挑戦した。退屈な日常を変えるために、刺激があればどこにでも飛び込んだ。というかそうする以外に選択肢がなかった。あの頃の僕に帰る場所なんてなかった。ポルノだろうとなんだろうと、演技をして他人になることに変わりはない。自分はこの場所にいても良いんだと、束の間でも感じることができた。

憧れのリヴァー・フェニックスは二十三歳で亡くなった。だから自分もそのあたりの年齢で格好良く死にたいと妄想していた。そうなると僕には時間がなかった。いつも若さを失うことに焦っていたし、毎日が最後の夜のような気がしてならなかった。良犬のように、いつも腹を空かしてどこかに死に場所を探していた。

あと三年か。あと三年もあれば何者にでもなれる、そう思っていた。だがあれから十年が経った今でも、自分が何者なのかよくわかっていない。

合格

オフィス作のオーディションは、三日間に分けて行われた。三日間とも、違う講師がワークショップを行い、審査をした。九月二十一日の初日、映画監督の山下敦弘さんが講師となって、俳優五十人で映画「蟹工船」の一場面をやった。僕が演じていると、松田美由紀さんがいきなり僕の近くに歩いてきて、伸び切った僕の髪の毛をかき分けた。表情が見たかったのだと思う。二日目からは顔がよく見えるように髪の毛を結んだ。

最終日は、美由紀さん本人が講師だった。僕らには課題が与えられていた。

「三分間で感動させてください」

というものだった。表現形式は、自由。その課題にうつる前に、五十人の俳優が美由紀さんを囲んで座り込み、みんなで語らう時間があった。

「辞めるのも勇気よ。貴方たちは俳優という仕事を目指した時点で、すでに素晴らしい才能に恵まれているの。俳優以外にも、その才能を発揮する道はある。だから辞めるのも勇気よ」

俳優以外にも色んな道があることを、美由紀さんは俳優たちに説いた。僕はオーディションを受けにきて、まさかそんなことを言われるとは思わなかったけど、その言葉の説得力に感動した。その言葉の熱を浴びた三日間は、忘れられない特別な日になった。あの三日間で出会った俳優たちには今も仲が良い人もいるし、映画監督になって一緒に映画を作った人もいる。「鼓動」（品田誠監督）という平成の終わりに撮った大切な短編映画もその一つだ。

オーディションは再開された。その三分間、それぞれが思い思いの表現をし、みんなで拍手をしてお互いを讃え合った。歌う者、踊る者、身体のタトゥーを見せて過去を語る者、自作の脚本を朗読する者。僕は、死に場所を探してオーバードーズ（薬物過剰摂取）をした若者が家族の幻覚を見るという物語を考えて演じた。

すべてのオーディションが終わった。オーディションの最後に、美由紀さんを中心にみんなで手を繋いで輪になった。

「みんなで花になりましょう」

と美由紀さんは言った。みんな、恥ずかしくて笑っていたが、なんだか幸せだった。この人が松田美由紀さん。愛とか、花とか、すべての色彩の根源がつまって、弾け出しているような人。

僕が参加者の中に紛れて立っていると、突然スタッフに声をかけられた。

「この時間に、この住所の場所に来てください」

それは事務所の住所だった。道端で時間を潰して事務所に向かう。そこはマンションの一室だった。部屋に入ると、美由紀さんが笑顔で座っていた。その笑顔、人の真実を射抜いて見つめるような眼差しが、ずっと印象的で忘れられない。まずスタッフからの説明があった。

「貴方のことを一年間、研究生として預からせてください。その間、人柄などを見させてもらって、それから所属になるか決まります」

研究生、か。

僕はまだしっくりきていなかった。僕は合格したんだろうか。困惑する僕を見て、美由紀さんが言った。

「うちの事務所はファミリーだから」

ファミリーか、それならなんとなくわかります。

その言葉はしっくりきた。当時、親の離婚で家族の絆を失いかけていた僕は、家族が欲しかった。東京に行けば自分の居場所は見つかるはずだと信じていた。でもこの街の冷たさを知り、何処にも居場所を見つけることができなかった僕は、帰る場所が欲しかった。研究生はファミリーになるための一年間なんだと、僕は納得した。


「もしもし」

もしもし母さん、松田美由紀さんがやっている事務所の研究生になったよ。

「それ本当なの」

本当だよ。オーディションに合格したんだ。

「お母さんとお父さん、松田優作さんのファンだったんだよ」

そうだったの？　知らなかったな。

「本当に俳優やるのね…頑張んなさいね」

その帰り道、母に電話をかけていた。恵比寿から渋谷に延びる明治通りの途中だった。大学を勝手に中退してから、時々電話をしても喧嘩ばかりしていた。しかしこの電話の時、母は初めて俳優という夢を認めてくれた。電話を切ると、東京の景色が少し違って見えた。

合格したんだ。二十歳の僕は、そう思った。

告別

宮沢賢治

おまへのバスの三連音が
どんなぐあひに鳴ってゐたかを
おそらくおまへはわかってゐまい
その純朴さ希みに充ちたたのしさは
ほとんどおれを草葉のやうに顫はせた
もしもおまへがそれらの音の特性や
立派な無数の順列を
はっきり知って自由にいつでも使へるならば
おまへは辛くてそしてかゞやく天の仕事もするだらう
泰西著名の楽人たちが
幼齢弦や鍵器をとって
すでに一家をなしたがやうに
おまへはそのころ
この国にある皮革の鼓器と
竹でつくった管とをとった
けれどもいまごろちゃうどおまへの年ごろで
おまへの素質と力をもってゐるものは
町と村との一万人のなかになら
おそらく五人はあるだらう
それらのひとのどの人もまたどのひとも
五年のあひだにそれを大抵無くすのだ
生活のためにけづられたり
自分でそれをなくすのだ
すべての才や力や材といふものは

ひとにとゞまるものでない
ひとさへひとにとゞまらぬ
云はなかったが
おれは四月はもう学校に居ないのだ
恐らく暗くけはしいみちをあるくだらう
そのあとでおまへのいまのちからがにぶり
きれいな音の正しい調子とその明るさを失って
ふたたび回復できないならば
おれはおまへをもう見ない
なぜならおれは
すこしぐらゐの仕事ができて
そいつに腰をかけてるやうな
そんな多数をいちばんいやにおもふのだ
もしもおまへが
よくきいてくれ
ひとりのやさしい娘をおもふやうになるそのとき
おまへに無数の影と光の像があらはれる
おまへはそれを音にするのだ
みんなが町で暮したり
一日あそんでゐるときに
おまへはひとりであの石原の草を刈る
そのさびしさでおまへは音をつくるのだ
多くの侮辱や窮乏の
それらを噛んで歌ふのだ
もしも楽器がなかったら
いゝかおまへはおれの弟子なのだ
ちからのかぎり
そらいっぱいの
光でできたパイプオルガンを弾くがいゝ

（「春と修羅 第二集」より）

名前

僕は「藤原季節」と命名された。名付け親は松田美由紀さんだった。画数も運勢も関係ない、美由紀さんが直感で考えた名前だ。直感で考えた名前は、少し派手だと思ったけど、色彩が豊かな感じがして綺麗だなと思った。それに四季が巡るのがいいなと思った。春に花が咲くのも好きだし、夏に日陰で飲む炭酸も好きだし、秋に金木犀《きんもくせい》の香りを嗅いで読書しながら昼寝するのも好きだし、冬に雪を見るのも好きだけど、その全部が入った名前だなと思った。どれか一つだけではなく、季節が巡ってくれる。寂しくならないのがいい。

よく質問で、季節というのは本名ですか？　と聞かれる。絶対に本名だと思ったとも言われる。僕の本名は、この本の中にたまに登場すると思う。

名前が決まった時は、新しい人生が始まったような気がして嬉しかった。でも僕の名前を聞いて笑う人もいた。そのたびに恥ずかしい気持ちになったし、悔しいなあと思った。でもその反対に名前をすごく褒めてくれる人もいた。「ジムノペディに乱れる」という映画で板尾創路さんと共演した時は、名前について、

「かなり、ええ」

と言われた。その言葉で、名前について一気に自信が出た。たった一言の言葉で、自信がついたり救われたりすることもある。

人生で初めて宣材写真の撮影をした。撮影は松田美由紀さんが担当した。メイクルームに入ると、髪の毛をカットする準備がされていた。上京してから、ずっと伸ばし放題だった髪の毛とおさらばした。この時髪を切ってくれたヘアメイクの須賀元子さんは、十年経った今でも僕のヘアメイクを担当してくれている。撮影では「動いて」と言われたので頑張って動いた。躍動感が足りないと、送風機でビュンビュン風に吹かれた。それにしても緊張したな、あの時は。

アルバイト

オフィス作の研究生になったからといって、生活が一変するようなことはなかった。アルバイトをしないと飯が食えなかった。色んなバイトを経験した。パチンコ屋、映画館、飲食店、工場、電話受付。その中でも一番続いたのは工事現場の雑用だった。工事現場の雑用は力仕事だが、誰にでもできる。他人に干渉されることがないからだ。職人たちのように上下関係が厳しいみたいなこともない。朝八時にラジオ体操をし、それぞれの持ち場の作業をする。雑用はその日によって仕事が変わるが、基本的にはゴミ出し、掃除、物運び。十時、十二時、十五時に必ず休憩があって、十七時には仕事が終わる。日給は九千円。単純作業に身を任せてしまうのは楽だ。何も考えなくていい。身体を動かすから飯も旨い。この仕事は三年くらいやった。

一番楽しかったバイトは、商業演劇の演出部だ。俳優をやるよりも、黒子の服を着て美術セットを移動させている方が、よっぽどお金を稼げた。舞台で活躍する俳優たちの演技を、袖幕で見つめ続けた。演技を見すぎて演出部のボスに怒られたこともある。千秋楽で桜の花びらを大量に降らせた時は、感動して号泣した。その舞台「しゃばけ」で脚本・演出だった鄭義信さんとは、数年後「密やかな結晶」という舞台で再会することができた。アルバイトのスタッフだった時、終演後の照明の落ちた誰もいない劇場でこっそり台詞を言ってみたりした。誰もいないのにめっちゃドキドキして、逃げるようにその場を離れた。その僕が数年後、俳優として鄭義信さんと再会し、千人以上の前で演技をする。その奇跡に感動した。

「銀河英雄伝説」という舞台の演出部をやった時は、主演の間宮祥太朗と出会った。僕はスタッフとして動きが悪く演出家に怒られていたが、上演後のトークショーで間宮祥太朗が「この舞台はスタッフが本当に頑張ってくれていますので良ければスタッフたちにも拍手をいただけないでしょうか」と言って、僕らに拍手が送られた。あの感動は忘れない。間宮祥太朗とは後に「ライチ☆光クラブ」という映画で共演するが、オーディションの候補に僕が残ると「受かれ」と願ってくれていたらしい。商業演劇のスタッフ経験は格別の体験だった。

その後は知り合いの紹介で、居酒屋で働いた。そこには同世代が何人もいた。まかないも美《お》味《い》しくて、人も優しくて、すごくお世話になった。でも人間関係が怖くなって、逃げるように辞めてしまった。気がつくと、誰かの期待する自分になっていた。笑いたくなくても笑うし、明るい自分でいなければならない。これが社会的なコミュニケーションだ。優しくされればされるほど、誰かに期待されている別の自分が顔を出した。けれども本当の僕は一体誰だろうと思った。その点、演技の仕事はとても楽だった。演技と呼ばれるものなのに、本当の自分でいられた。他人が書いた人間を演じるだけなのに、自分との深い対話をすることができた。

「人の目に演技と映るものが私にとっては本質に還ろうという要求の表れであり、人の目に自然な私と映るものこそ私の演技である」

三島由紀夫の「仮面の告白」の一文に共感した。そうだ、バイト先の優しいみんなは、ここにいる張り付いた笑顔の僕を真実だと思っている。でもそうじゃない、本当の僕はボロボロになって路上にうずくまって座り込んでいる。みんなはその僕を見てわざとらしいと笑うだろう。そのわざとらしい自分こそが自分にとっては真実なのだ。その日、バイトの出勤時刻が近づいても僕の身体は動かなかった。日が暮れても僕は動かなかった。僕はそのまま無断欠勤をした。そのバイトを始めてから、ちょうど一年が経っていた。

研究生

研究生になった僕は、多摩に移り住んだ。

アパートは、中央大学第二演劇研究会の先輩である、中嶋さんという男性の紹介だった。中嶋さんはニゲキで脚本、演出を担当していた。僕はこの中嶋さんが大好きで、初めて舞台の観劇に連れていってくれたのも、銀杏BOYZや村上龍を教えてくれたのも、中嶋さんだった。舞台も小説も音楽も、田舎から出てきた僕にはすべてが新鮮だった。三浦大輔さんが主宰する劇団ポツドールを観た時は、演劇の面白さに衝撃を受けて人生が変わった。

大学を中退した後も中嶋さんとはずっと仲が良かったし、なんせ紹介してもらった家賃三万二千円のアパートは中嶋さんの隣の隣の部屋だったので、僕らは毎晩のように遊んでいた。

僕はすごく貧乏だった。アルバイトはたまに工事現場で雑用をしていたけれど、基本は働きもせず、毎月の母の仕送りを当てにして生きていた。必死に何かをしていたと思うけど、その何かが明確には思い出せない。必死に生きていた、としか言えない。もっと、もっと速い速度で誰かに認められたい。焦るほど、夢が遠のいているとも知らずに、僕は必死に生きていた。

辛くなれば中嶋さんと酒を飲んだ。あの作品が面白い、あれはつまらない、自分たちにとって面白いものとそうでないものの線引きを、夜明けまで話し合った。中嶋さんは快活で、自分の意見をしっかり持った人だ。自分の中に物差しを持った人の格好良さをその時知った。

オフィス作の研究生になって、オーディションを受けるようになった。それでも台詞のある役をもらえることはなかった。「新宿スワン」という映画でエキストラをやっていた時、札内《ふだうち》幸太《こうた》さんという俳優と出会った。僕は札内さんに、自分で作った七分間の映画「二十歳」を見せた。札内さんは何度もその映画を再生したり巻き戻したりした。

その撮影期間中、札内さんとバスに乗って、近くの砂丘を見に出かけた。そして札内さんが主宰している稽古場があるから、そこに来てみないかと誘われた。それがサルガクカンパニーという場所だった。

サルガクカンパニーは毎週一回稽古場に集まって創作や古典戯曲の稽古をしている十人くらいの集団だった。誰かが演出家になって、みんなで物語を作る。それを繰り返し、繰り返し、コミュニケーションや演技を学んでいく。太極拳やロシア武術のシステマを教え合うこともあるし、ご飯も一緒に食べるし、誰かのオーディションがあればみんなでアイディアを出し合って稽古をする。仲間だったのだ。

それから三年間カンパニーの稽古に参加して、舞台も一度だけ上演した。「二度と燃えぬ火」というフランスの古典戯曲で、戦争から帰ってきた兵士とその妻の会話劇。愛し合っていた夫婦が、戦争によって引き裂かれていく過程を生々しく描いた戯曲だ。

もし二十一歳のあの時、札内さんたちと出会わなければ、今の自分はいない。後に札内さんに聞いた話だ。

「あの時、きーくんを稽古場に誘おうか真剣に悩んだよ」

「どうしてですか?」

「それほど危ういとも思ったから」

僕の、誰かに認められたいとする焦りや熱意は、同時に他者を傷つけかねない危うさを持っている。何より僕自身の繊細さも危うかったのだ。今なら少しはわかるけど、若い俳優は危うい。演技を通して、どこまでも自分を傷つけることができる。純真な心は、どこまでも傷つきやすい。だから演技は取り扱いに注意しなければならないし、それを監督する者は俳優の心をよく観察し、時には守らなければならない。札内さんは演出も務めるので、若く繊細で気の短い僕に対し、どこまで責任を持つことができるのか、よく考えていたのだと思う。

カンパニーのみんなは、貧乏な僕にいつもご飯を食べさせてくれた。スーパーに行くと野菜や果物を買ってくれた。心が健康であるよう、生活から仕事まで本当に面倒を見てくれた。サルガクカンパニーは、今は活動を休止しているけれど、この感謝の気持ちは死ぬまで消えることはない。僕の二十代前半にこんな出会いがあったことなんて、知る人は少ないだろう。でもこの出会いは僕という人間を語る上で、欠かすことのできない大切な出会いなのだ。

三十歳。あの時の幸太さんと同じ歳になった。僕は誰かに同じように心を配れているだろうか。今でも僕は自分のことで精一杯だ。別にお金もないし偉くもないし、あの時と何も変わっていないように思える。

最近、たまたま近くを通ったので、僕が住んでいた多摩のアパートを見にいってみた。そこはすっかり更地になっていた。特に悲しくはなかった。中嶋さんは演劇を辞めて就職し、今ではほとんど連絡も取っていない。一緒に過ごした日々は楽しい生活でもあったけど、苦しくてみじめな生活でもあった。電気もガスも当たり前に止まるし、水道が止まればお互いにシャワーを貸し合った。勝手にシャンプーを使い切ったと僕がいちゃもんをつけて喧嘩になったこともある。特別振り返ることもない、ただの青春なのだ。

サルガクカンパニーのみんなとはこの数年、全然会っていない。それでも僕を数年かけて一人の人間に育ててくれたみんなを、親のように思っている。親にはなかなか恥ずかしくて感謝の気持ちを伝えられないけど、いつも感謝している。

出会いはどこに転がっているかわからない。エキストラだろうとなんだろうと、一生懸命頑張って良かった。一生の思い出は、現場から始まる。これからも現場に出て、誰かと出会って、傷ついて生きていきたい。

沈黙の記録

俳優は名もなき役にも魂を込める。台詞のない役には名前がついていないことが多い。僕も事務所に入ってからの数年は、よく名もなき役を演じていた。無名の僕が、無名の人間を演じるのは道理に合っているような気もした。

でも本来俳優は、生活者を演じる職業だ。僕らが演じようとする誰かは、この社会で暮らしを送る命ある誰かだ。その誰かが有名であろうが無名であろうが、俳優である以上必死に命を吹き込むことに変わりはないし、誰だってスポットライトの当たらないところでも傷ついたり笑ったりしている。

たとえ背景であろうと、その生命の躍動はスクリーンに映るはずだ。誰かの目に留まることだってあるかもしれない。実際「何者」という映画に出演した時、僕の役は〝役者2〟という名前だった。劇団員の役での出演で、まともな台詞もなかった。そのラストシーンで一瞬だけ映る僕のアップの表情を見て、細川岳という男が、数年後に映画「佐々木、イン、マイマイン」のオファーをしてくれたのだ。どこで誰が見ているのか、運命の気まぐれなのか、人生はわからない。

僕が二十二歳の時に、マーティン・スコセッシ監督の「沈黙―サイレンス―」という映画のオーディションを受けて、〝キチジローの弟〟という役をつかんだ当時の記録がある。事務所に保管されていたようで、この際に公開してみないかと提案を受けたので、恥ずかしいが載せてみたいと思う。僕が名もなき役に対して、どれだけ一生懸命取り組んでいたのかが、笑えるくらいよくわかる記録になっている。

また、この記録を書いてみなさいと言ってくれたのは、オフィス作の代表である松田美由紀さんだ。僕はこの記録を、単に「沈黙―サイレンス―」の撮影に参加したことを綴るだけではなく、これからお世話になる事務所に僕のことを知ってもらい、感謝の気持ちを伝えるための文章にしようと考えた。したがってこの記録は極めて身内向けに書かれたものであり、その分だけ内容も赤裸々である。

非常に恥ずかしいのだが、二十二歳の僕が感じていたすべてがそこにあると思う。

映画「沈黙―サイレンス―」についての記録

藤原季節（二〇一五年執筆）

この文章は映画「沈黙―サイレンス―」（以降、「沈黙」）についての記録であると共に、嘘つき少年であった僕が、俳優として本当の人生を生きようとしていくまでの記録でもある。

もちろん、僕の人生を語るには、その他の様々なことも書かなくてはならないが、これはあくまで映画「沈黙」についての記録であり、それはすなわち僕の俳優としての人生を語るものであるので、それに関係のないことはここには書かれていない。

しかし、僕という存在をわかってもらうには充分なものになっていることは確かだ。僕にはこの文章を読んでいる人々に伝えたいことがあって、想いはすべてここに記したつもりである。

この文章を通じて、少しでも本当の僕というものがどういう人間で、何を思っているのかを伝えることができたらと思う。

／

マーティン・スコセッシ監督の作品に出会ったのは僕が十九歳の時である。十九歳で田舎から上京してきて、オフィス作の研究生になるまでの僕の生活は酷いもので、僕の生活の大半を占めていたものは映画と本と酒くらいであった。

どこにいても俺には淋しさがつきまとう
バーや車、歩道や店の中でもだ
逃げ場はない　俺は孤独だ

「タクシードライバー」という映画で主人公のトラヴィスが呟く台詞だ。当時の僕はこの台詞に共感し暗記していた。

十九歳のあの頃、僕は毎日のように泣いていたと思う。もしもタイムマシンがあったら高校生から、いや中学生から、いや小学生からやり直したい。どうして僕は今、こんな東京の隅で引きこもって泣いているのだろう。こんなはずじゃなかった。そんなことばかり考えていた。心は母に対しての罪悪感でいっぱいだった。

それでも当時の僕は、頑なに何かを信じていた。映画を信じていたのだ。松田優作を信じていたし、ロバート・デ・ニーロを信じていたし、マーティン・スコセッシを信じていた。東京の片隅で毎日、毎晩そう信じていた。これは僕の胸にいつもあった根拠のない自信のようなものである。それがなければ生きていくことの憂鬱さに負けそうであった。

金がなくなると、母に頼んで金を送ってもらった。母は泣きながらも金を送ってくれた。僕はその金で映画を観た。今考えてみても、めちゃくちゃな生活だった。


二十三歳で死ねばいい。そう考えていた。僕の好きなリヴァー・フェニックスという俳優が亡くなった歳でもあり、十九歳の僕にとって四年という歳月は長すぎるほどで、誰に迷惑をかけようが僕は僕の人生のすべてを燃やし尽くすような生き方をしようと思っていた。

もう引き返すことはできず、映画の魅力に取り憑かれていた。東京で友達は一人もできなかった。

しかし思い返してみると僕は幼い頃からずっと孤独であったようにも思う。

僕は嘘つき少年だった。友達の前ではいつも嘘をついて自分の居場所を守ってきた。幻想の居場所である。面白くもないのに笑うのが得意だったし、怒ってもいないのに怒るのが得意だった。

みんなは僕を愛してくれたのかもしれないけれど、その僕は本当の僕ではない、僕自身いつもそう感じていた。本当の僕は薄汚い人間で、心から笑って心から泣いたことなど一度もないのだと、そう感じていた。

僕は様々な幻想の居場所にいたのである。自分のことが本当に嫌いだった。僕は誰よりも臆病だった。特技の全くない僕が唯一特技を挙げるとすれば、それは強がることである。当時は母以外みんな怖かった。僕は俳優になりたいという夢を幼い頃から持ち続けてきたわけだが、それを誰かに話したことはなかった。高校を卒業して東京に行く理由はあくまで大学進学のため。その嘘を実現するために一浪までして中央大学に進学したのだ。本当は早稲田に行くつもりだったのだが、受験の三日前にモチベーションがなくなってしまい、勉強してきたほとんどを忘れてしまった。正直に言えば、中央大学には全然通っていない。僕は東京に来て、何かが弾けてしまったのだ。今まで守ってきた偽りの何かが音を立てて崩れた。自分にとってもそれは衝撃的な出来事だった。僕自身、今まで偽りの人生を送っていたことをそこで初めて知ったのだ。

自由を得た、そう思った。だが自由は孤独で苦しいものだった。

どこにいても俺には淋しさがつきまとう
バーや車、歩道や店の中でもだ
逃げ場はない　俺は孤独だ

そんな時に出会ったトラヴィスの言葉は、僕の胸に響いた。タクシーの窓に流れる夜景とトラヴィスの哀しい瞳。僕は少年のように、映画にかじりついていた。それがマーティン・スコセッシ監督の映画との出会いであった。

／

二〇一四年十一月二十四日、映画「沈黙」のオーディションがあった。オフィス作の研究生になってから約一年が過ぎた頃のことだ。

そのオーディションがあると聞いた時の衝撃、心臓の鼓動、まさに人生の大いなる喜びを感じた。おそらくこのオーディションを受けた人はみんな感じていたのかもしれないが、それは僕にとって運命のようにすら感じられていた。

運命という言葉を聞くと、今でも思い出す。二十歳の九月二十一日に、僕が松田美由紀さんに初めて出会った時、彼女が言った言葉。

「今日は優作の誕生日です。このような日に貴方たちと出会えたことに運命を感じます」

胸が熱くなったのを今でもはっきりと思い出す。五十人以上いた俳優たちの中に混じり、僕は美由紀さんを遠くから見ていたのだ。

あの頃の僕が持っていたものは、自分が正しいと思ったものを曲げないプライドと、他人と喧嘩する勇気だけであったと思う。くだらないように思えるが、本当にそれしかなかったのである。だから、何が自分にとって正しくて、何が正しくないか、必死に勉強していたし、どんな映画が面白くて、どんな演技が素晴らしくて、どんな文章に心を打たれるのか、どうして僕は感動するのか、ひたすらそこに時間を費やすしかなかった。オフィス作のオーディションがある頃には髪も伸び放題で洋服もボロボロ。オフィス作になんか入れるはずもない、そう思っていた。だけど、入ることができた。

今思えば当時の僕には、失うものなど何もないという覚悟があった。当時の僕にとって、僕の心を悩ませていたものは両親の離婚であると僕は思っていた。だからオーディションでは正直に「家族が欲しい」と言った。本当の自分がそこにはあった。

明日死んでも構わない、そんな無茶苦茶な若い覚悟が、届いたのかもしれない。

二十三歳で死ぬという考えは、オフィス作に入って沢山の人々と出会ったおかげで次第に消えていった。四年もある、死ぬ気でやれば伝説になれる、そう思っていたが、オフィス作のみんなは、ゆっくりでいいのだといつも僕に声をかけてくれた。これからずっと一緒にやっていくのだから、ゆっくり主演を張れる俳優になっていけばいいと。正直に言えば、最初はその考えに抵抗があった。僕には時間がないのだと思っていた。

しかし、僕の心に感謝や信頼という感情が生まれ始めた時、僕の気持ちは変わり始めた。一つずつ、この人達と一緒に階段を上っていきたいと思うようになっていった。そして、僕のような人間が主演を張れるようになるまでの道のりの長さを知った。実力がある俳優になりたい。いま現在、小さな役でも全力で演じられる環境がある。自分の足で歩いている。どんなに小さな役でも、演じがいのあるものだと喜んでくれるスタッフがいる。その繰り返しの中で、小さな仕事など関係なく、役の人生を生きるというのがどういうものかを学んでいるし、そのことが大きな仕事に繋がっていくのだと思う。道のりは長いが、その道のりの長さは僕にとって必要なものなんだ。

しかしここで正直なことを告白すると、僕にはまだ〝生と死〟という概念が常に頭の中、いや心の奥の方にある。それが船を固定する碇のように僕の重りとなって、いつも僕を幸福な感情から遠ざけている。

だから映画「沈黙」のオーディションの最中に、死という概念が目の前に現れたのだ。

遠藤周作の原作を読んだ時、隠れキリシタンが自ら命を投げる行為、いわゆる殉教という行為に疑問を覚えた。信仰というものは僕が長年違和感を感じていたものだ。

神が救ってくれると考えるのは現実逃避にすぎないのではないか。現実逃避とはまず現実が苦しい状況であることを意味する。僕はこの作品のオーディションを受けるにあたって、自分を苦しい状況に置かなければならないことを覚悟した。しかし、江戸時代当初、年貢の課税に苦しんだ百姓たちの気持ちが付け焼き刃の役作りでわかるはずもなく、僕はオーディション当日を迎えても、殉教という行為がほとんど理解できずにいた。

オーディションで与えられた内容は、ジュアンという日本人（この名前はキリシタンに与えられる名前で本名は長吉と云う）が処刑されるシーンであった。目の前に置かれたキリストの絵を踏めば命を助けてやると言われるが、ジュアンは最後まで絵を踏むことを拒み、処刑されるというものだった。ジュアンには妻がいた。

この役を演じるには覚悟がいることは確かであった。しかし、僕がやることはあくまで演技であって、本当に死ぬことではない、この時はそう思っていた。そのため、ジュアンの気持ちになりきれずにいたのである。こんなに不安な感情のままオーディションを迎えるのは初めてのことであった。

オーディション当日の朝、マネージャーと待ち合わせてカフェで少し時間を潰すことになった。「集中していてもいいですか」と尋ねると、「いいよ」と答えてくれた。僕は目をつぶった。傍から見ると異様な光景である。僕が考えていたこと、それはジュアンが感じた夏の暑さや風の香り、地面のゴツゴツした土の感触。ジュアンの気持ちがわからない僕にできることはそれくらいのことであった。もう本番を迎えるしかない、ジュアンの居た場所に座ってみて、初めて感じるままにやるしかないと思っていた。

大切なことはもっと別のところにある気がしていた。オーディション会場の控室で僕以外の役者が英語の練習をしている時、僕はひたすら疑問と葛藤していたのだ。何故ジュアンは死ななければならないのか。

僕の名前が呼ばれ、僕はオーディション会場へと向かった。嘘のような話だが、オーディション会場まで向かう通路を、処刑場へと向かうジュアンが歩いた道のりに重ね合わせた。

オーディション会場は僕が想像していたものとはだいぶ違った。その一室にいたのは二人の女性だけで、あったのは一台のカメラだけ。僕を迎えてくれた二人の女性の温かい笑顔や丁寧な振る舞いにはリスペクトのようなものが感じられて、芝居がしやすい空気がそこには満ちていたのだ。

芝居を終えた時、すぐさま「もう一度やってみてくれないか」と言われた。僕にはその理由がわかった。僕には迷いがあったのだ。覚悟が決まっていない、このままではジュアンは死ぬことができないのだ。僕の心は突然、ものすごい緊張に襲われた。ああ、ジュアンは死ぬのだと思った。僕の心の奥にいつもあった〝死〟という概念が眼前に姿を現し、僕を包み込んだ。それはジュアンが感じた夏の暑さとなり、風の香りとなり地面の土へと姿を変えた。すると恐ろしいまでのディテールが一瞬にして姿を現した。手を縛られている縄の感触、目の前に立つ役人の僕を見つめる同情の眼差し、日本刀を持ち、僕の背後でその時を待っている侍の存在。それは圧倒的な恐怖であった。心臓の鼓動が聞こえる。芝居は始まっていた。そして僕はついに、遠くで僕を見つめる妻の存在を感じた。その瞬間、涙が溢れた。恐怖を乗り越える瞬間は自然に訪れた。殉教というのは、最大の愛の意思表示なのだ。どんなことがあっても、僕と妻、そして自分が育った村のみんなが信じてきたものを裏切るわけにはいかない。そう思った時、僕は精一杯の笑顔を見せて、命を捨てることを覚悟した。心の中で感謝の言葉を唱えて目をつぶった。そして刀が振り下ろされるのを待った時、祈りの言葉が聞こえてきた。それはオーディション会場にいた女性が静かに唱えたものだった。閉じていた瞼の裏に光を感じた。ジュアンが感じた太陽の光だった。

僕はカットがかかっていたことに気づかなかった。おそらく、その刀が振り下ろされる瞬間を待っていたのだと思う。やっと気づいて目を開けても、何が起こったのかわからず、立ち上がることができなかった。あの時僕に起こったことは今でもわからないけれど、ある種の奇跡であったと思う。だから不合格の知らせが届いた時も、僕はそれほど落ち込まなかった。

／

オーディションから二ヶ月ほどが経ったある日、電話が鳴った。僕はすぐに風呂から上がり、全裸のまま電話に出た。

「藤原くん、今から話すこと、とても驚くと思うけど聞いててね。マーティン・スコセッシ監督の映画への出演が決まったよ」

僕は無言でその場に立ち尽くした。

「本当におめでとう。藤原くんの誠実な人柄がこういう結果に結びついたのだと思うよ」

僕は嬉し泣きをした。嬉しくて涙を流したのはいつぶりだろう。今思い出しても、心臓がドキドキする出来事だった。

後日、事務所に行くと、美由紀さんから綺麗な花束をプレゼントされた。花束を抱えたまま皆がいるオフィスに入ると、皆が立ち上がって、拍手をしてくれた。僕はこの瞬間を永遠に忘れられないと思う。あの拍手の音、そして皆の笑顔が今でもはっきりと思い出される。

／

幼い頃から、誰かから必要とされた経験があまりなかった。足も遅く、スポーツも全然できなかった。これという特技もなく、自分の存在をアピールするには嘘をついて、自分の居場所を無理矢理守ることしかできなかった。中学の時、それらの嘘がばれてイジメにあったことがある。学校を休むとイジメが母にばれるので、僕は休み時間を人が来ない一階のトイレの奥の個室で過ごすことになった。その個室では、ずっと本を読んで過ごした。今気づいたが、その時の僕の状況は、上京して家に引きこもっていた頃の僕によく似ている。学校のトイレの片隅で、東京の片隅で、僕は輝かしい将来を夢見ていたのだ。

忘れられたようにイジメはなくなり、僕は次第に非行に走るようになった。自分の居場所を守るために自然に非行に走るようになっていったのだ。母はそんな僕に正面からぶつかってきたが、次第にやつれていったのが目に見えてわかった。母のことを誰よりも愛していたが、非行や母への反抗は止められなかった。

僕の居場所を守るための行動はさらにエスカレートする。中学で非行に走っていた僕は、陰で勉強をした。その地元では皆が高校に行かず大工になったり、暴走族になったりする。一緒にいた奴らは、当然僕もそうなると思っていただろう。

しかし、僕は進学校に入学した。地元の皆は、最初はびっくりしていたが、皆一様にそのことを忘れた。高校に入学しても僕はそのグループとの交友を続けていたし、一緒に非行を繰り返していたからだ。高校にはほとんど通ってないと嘘をついては、自分の居場所はここだけだと、いつも作り笑いをしていた。

実際にはちゃんと高校に通っていた。そこでは普通の高校生を演じるつもりであったが、あまりのつまらなさに次第に孤立するようになっていった。そこでも僕は本を読むようになった。あたかも本が好きなように見せかけていたが、実際には楽しそうにしている他の皆が羨ましかった。本当はそこに交ざりたいのに、交ざれない。僕は本が好きなのだから邪魔しないでくれ、僕はまた嘘をついて、幻想の居場所を守っていた。今思えば、素直になれば良かったのである。自分から心を開いて正直になれば本当の友達ができたのだろう。

地元で非行を重ね、高校でつまらない学校生活を送る二重生活。そのことにも飽きた僕は、次第に街に足を運ぶようになった。

その頃僕は、初めて恋をした。彼女は、僕にとって心から幸福を感じさせ、心から笑い合える存在であった。紹介してくれたのは僕の親友だ。この時間が続いてほしいと思えたし、彼女といる時の僕は、不良でも、孤立した高校生でもなく、本当の僕だった。

だからその彼女に振られた後は、果てしなく絶望した。

僕には自己嫌悪しかなかった。色んな顔を持って世の中を渡り歩いている僕も、彼女に振られた僕も、母に反抗する僕も、全部嫌いだった。全部が嫌だった。僕は誰からも必要とされていない、早くこの街を抜けだしたい、その思いは強まっていき、僕の最後の大嘘が始まった。それが大学進学である。

素直に家出してしまう勇気もなく、愛すべき母をこれ以上傷つける勇気もなく、僕は大学に行きたいと嘘をついた。結果的に、この嘘が一番母を傷つけたのだから、正直に俳優になりたいと言うべきだったのだと、今では思うが、今まで嘘ばかりついて生きてきた僕に本当のことを話す勇気などなかったのだ。

　そして大学に進み、本当の自分を生きたいと願い、映画と酒浸りの孤独な一年が始まったのである。

　これが僕の青春、僕の十代である。いつも寂しかった。もし足が速ければ、もしスポーツが万能だったら、もし性格が心から素直な少年であったら、こんな寂しい嘘で塗り固められた青春時代を過ごさずに済んだかもしれない。

／

　そんな僕が、オフィス作に拾われ、マーティン・スコセッシ監督の映画に出ることになり、あの拍手と笑顔の中にいたのだ。そこに偽りの僕は存在しなかった。俳優を目指した頃から、嘘をつくことはやめていた。そんな僕を皆が誠実だと言ってくれ、僕は初めて自分を少しだけ好きになっていったのだ。

　映画への出演が決まって事務所に行ったあの日、本当の僕が、誰かから必要とされ、祝福されていることを実感した。皆からの祝福に、僕は泣いた。泣きたくないと思っても涙を止めることができなかった。あの時僕は、今までの僕を許したのだ。あの嫌いだった自分がいなければ、ここに立っていることも、皆に出会うこともなかったのだ。

　そして、映画への出演が決まったことを母に報告した。母は静かに、これまでの苦労を噛みしめるように、言った。

「覚えている？　小学校の時、剣道の試合で初めて準決勝に進んだ時、抜き胴を決めて勝ったよね。あの時、あなたは私の誇りだと思った。…おめでとうね、本当」

　受話器越しに母が泣いているのがわかって、必死に笑ってごまかした。ああ、そうだったのか、そんなことを何年もずっと覚えていたのか、母ちゃんは僕のことを誇りに思ってくれていたのか。

　幸福が自分のそばにあったことを知った。

この映画への出演が僕に沢山の愛を教えてくれた。この文章を僕に書かせているのも、この映画が僕に気づかせてくれた沢山の愛のおかげだ。

／

台湾に出発する前に、美由紀さんの別荘へ遊びにいくことになった。その時すでにオフィス作に研究生として所属してから一年以上が経っていたが、このように美由紀さんとゆっくり会話をするという機会にはなかなか恵まれなかった。僕ら研究生は女優としての彼女の姿に、会えばいつも緊張していたし、僕にとっても美由紀さんは舞台の上の人という存在であったので、その話を聞いた時はとても緊張した。しかし実際に別荘に着くとそこには雄大な自然が広がっていて、それを皆で眺めているうちに緊張は消えていた。美由紀さんの手料理はどれも美味しく、普段誰かの手料理を食べる機会のない僕にとってそれは、心温まるものであった。そこでは様々なことを話した。どんな俳優になりたいか、今の環境についてどう思うか、恋愛はしているのか、気づくと僕は喋りっぱなしで、なぜだか懐かしい気持ちになった。子どもの頃に戻ったような懐かしい気持ち。

その別荘から車で少し走ったところに、廃墟となった旅館のようなものがあり、そこにはボロボロのプールサイドがあった。まだ残雪が目立つプールサイドでワークショップをしながら写真の撮影をしたのだが、あの時流れていた時間はとてもセンシティブで不思議なものだった。

呼吸の大切さを教わった。そこに流れる空気を体中に循環させること。すると自然に身体や表情がその風景に馴染んでいき、緊張はなくなるということ。風を無視しない、つまりそこで起きている様々なことに反応していくこと。それが芝居なのだと彼女は言った。

そのプールサイドには沢山の過去の残骸があった。ボロボロになったタイルの一つひとつや、使われなくなった滑り台など、じっと眺めているうちに、子どもたちの姿が見えるかのようであった。

遠くには湖の音、春の訪れを感じる香りと心地よい太陽の温度。それらが感じられたことがとても嬉しかった。

帰る時は寂しい気持ちになった。駅まで車で送ってもらい、頑張りなさいと言われて渡された封筒には映画の準備のために使いなさいと、お金が入っていた。それとお肌のスキンケア用化粧品。バス停は雪がかすかに降り始めて、美しかった。僕はその時の感謝の想いをこの先もずっと忘れないようにしようと心に決め、その風景を胸に閉じ込めた。

帰りのバス車内は、十九歳の時に上京するために乗ったバスに似ていた。外の風景を眺めながら、僕は再び強い決意を固めた。

／

撮影が始まる三週間ほど前からは、家からほとんど出ないことにした。役作りの一つとして、減量をしようと決意したからだ。人に会ったり、外出をしたりすると食べ物が嫌でも目に入ってきてしまうので、リンゴやツナ缶を日数分だけ買い込んで部屋に篭もる生活を続けた。

この三週間はなかなか苦しいものだった。もちろん他のキャストで僕の何倍も減量した人もいるし、そういう方々は何ヶ月もかけて減量をしているので、それに比べたら僕の苦しみなんて全然たいしたことないのだろうけど、それでも空腹に三週間向き合うという体験は僕にとって厳しいものであった。

その期間はとても多くのことを考えた。夜は空腹と、日中ほぼ動いていないこともあって眠れなくなった。そのため一日の時間がとても長く感じられるのだ。最初は五キロほどのランニングを続けていたのだが、一週間ほどで走ることができなくなった。少し歩くだけで息切れが激しく、調べてみると、医者の管理のない状態でこの運動を続けると心臓を縮めてしまう危険があるとのことだった。僕はランニングをやめて、入浴を繰り返してカロリーを消費する方法に切り替えた。

日中は本を読むか考え事をして過ごした。たった三週間という期間が僕にはとても長く感じられたが、意志が揺らぐようなことはなかった。思えば今までこのように何か目標に向かって努力をしたような経験はあまりなかった。僕には自分が努力のできる人間なのかという不安があったのだが、映画のためなら自分は頑張れるのだということがわかって嬉しかった。自分を少し信用できた。身体は弱っていったが、意志だけは日々強くなっていった。自分の夢に対する気持ちは、東京の片隅で理想を描いていたあの頃からずっとずっと変わっていなくて、実際にいま自分が夢の舞台へと近づいていることを考えると、胸が震えた。いま自分にできることはなんだろう、そんなことを考え、世間がお花見を楽しんでいる頃、僕は世間に対する執着心のほとんどを捨て去った。部屋の窓から見える木々や、春の芽吹きを見せる花に美しさを感じるようになった。日々を忙しく、他の役者との闘いに費やしていれば見えないものかもしれない。僕は自分には強みがあるように感じた。広い世界というのは狭い部屋の中にもちゃんと存在する。強い心を持っていれば広い視野で物事を見ることができて、感動する心が生まれる。そういった積み重ねが愛情となるのかもしれない。いつしかの講演会で美由紀さんが言った言葉が僕の中にずっと残っている。

「このコンクリートの下には広い大地が広がっている。ある日そのことに気づいたのです」

その当時、感銘を受けた本がある。それは宮沢賢治の文章を集めたものである。その中の一つを紹介する。

日ハ君臨シ　カガヤキハ
白金ノアメ　ソソギタリ
ワレラハ黒キ　ツチニ俯シ
マコトノクサノ　タネマケリ

この映画を通して、役作りというものに対する意識も変わっていった。どれだけ小さな役でも向き合った時間は決して無駄にはならない。そのことを台湾の撮影現場で心から理解するようになる。

結果的に当時五十七キロだった体重は四十九キロまで落ちたのだが、それ以上落とすことはできなかった。後で他のキャストの減量方法を聞くと、管理士の徹底した食事制限の他、利尿作用のある薬を服用するなど大変なものであったらしい。八キロの減量では身体が細くなったようには感じるものの、頬が削げるような大きな変化は見受けられず、自分の努力が甘かったのかもしれないと感じ、悔しかった。もしもう一度減量をする機会があれば十キロの壁は越えていきたいと思う。ここに台湾に宿泊した当時の写真を載せておく。

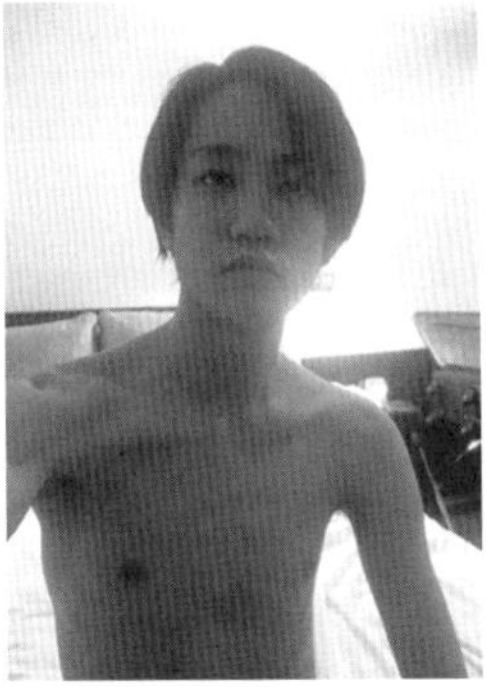

そういった生活を送りながら、僕は役の気持ちについて、いつも考えていた。何をする時でも役のことは忘れなかった。自分の中でこの役の感情についてどうしようかというある思いがあったのだ。
僕が演じた役は、窪塚洋介さん演じるキチジローの弟の役である。キチジローの家族は五島村の隠れキリシタンで、ある日密告により役人に捕らえられてしまうのだ。僕が演じるシーンはそこから始まる。兄が裏切るのだ。踏み絵を要求された家族はそれを拒むのだが、キチジローだけは自分だけでも助かるために絵を踏む。結果的にキチジローの目の前で家族は処刑されることになる。キチジローにとってそれは、すごくシビアなシーンである。
裏切った兄に対して、家族はどう思うのだろう。これはとても複雑な問題だった。演じるシーンは短くとも、そこには家族の過ごした長い時間がある。そこには笑顔も苦しみも共に分かちあった歴史が存在するのだ。果たして裏切りにあったことを恨むだろうか。それがあるだけで芝居は変わってくる。僕はそこを解決した上で芝居に臨みたかったのだ。この答えを導くためにシンプルな方法がある。それは、自分の家族に置き換えてみる方法である。

僕はそもそも演技というものに対して、別人になり切ろうという考えは持っていない。たとえそれが江戸時代の百姓の役であっても、演じるのは僕自身であるから、誰かの真似をするのではなく、あくまで自分の内面をトレースした演技をしたいと考えている。だからこの役を演じるにあたっても、自分の家族が裏切ったらどう思うだろうか、自分の家族が処刑されたらどう思うだろうか、その感情を一番大事にしたかったのだ。これが僕にとっての〝実感〟である。実感の篭もった演技というのは、感動する。思うに台本を読む作業とは、主にこの実感を作りこむ作業なのではないかと思う。それが役の本当の感情、笑顔や涙に変わっていく。そしてその積み重ねの先に、別人に見えるという評価があるに過ぎないのではないだろうか。

その時その人物が感じた匂いや手触りや音など、それらの実感を作りこむには長い時間がかかる。主演を演じるとなるとその作業はさらに大変になっていくことだろう。しかしその作業をどれだけ重ねるかで役の感情や作品自体はどこまでも飛躍していく。

僕は自分の家族が暴力的な弾圧に晒されることについて細かいディテールを作り込んでいった。それは想像の中であっても、非常に苦しいものであったし、その時自分がどういった行動を取るのか想像もつかなかった。結果的に処刑のシーンで僕が取った行動を監督は評価してくれたので、僕のこの作業は無駄にはならなかったのだ。後に詳しく述べるつもりだが、僕は本気で逃げようとした。家族を助けるために逃げ出そうとした。思い出すだけで、過酷なシーンであった。

兄が裏切るということについて考えているうちに、僕は自分が演じる役の気持ちばかり考えて、キチジローの気持ちを想像することを避けていることに気がついた。キチジローは家族が処刑された後も生きてゆかなくてはならないのだ。江戸時代の辛い世界を。生きることに執着するキチジローの気持ちを考えると、心から苦しい思いがした。家族との死を選んだ方が幸福なのかもしれないとすら考えた。江戸時代のキリシタンは、死ぬと天国（パライソ）に行けると考えていた。そこには苦しみなど存在せず、永遠の幸福が待っていると。だからこそ、踏み絵を拒んだわけだし、家族で殉教するのは彼らにとって当たり前のことだったのだ。たとえどんな苦しみを伴ったとしても。

五島村は隠れキリシタンの村であり、僕が演じる人物は、まさにその村で生まれ育ったのである。だからこそ彼にとっての信仰は絶対なはずであったし、キチジローの取った行動はそれほどまでに衝撃を受けるものだったのだ。

僕には姉と妹がいる。大切な家族である。もし僕の家族が同じ状況に立ったとして、姉が裏切ったらどうだろう。想像もできないし、信じられない。そう、信じられないのだ。それが家族の歴史というものである。恨むとか許すとか、そういった確信的な感情を抱くことは危険なように思えた。そういった感情は、家族の過ごしてきた歴史を無視することになるのではないか。そのことに気づけたことで、現場で闘う覚悟が決まった。役の感情は家族に対する愛である。

そのような日々を重ねて、二〇一五年四月四日、ついに台湾に行く日が来た。皆から激励の手紙やメールが届いた。美由紀さんからのメールには、作の誇りですという文字があり、僕は自分の過去を思い返して、誰かから誇りに思ってもらえるということの素晴らしさに感動した。素晴らしい職業と素晴らしい人々に巡り会えた。信じ続けてきて良かったと心から思った。この先も様々な苦難が待ち受けているだろう、そのたびに僕は幼い頃に剣道の試合で決めたあの一本勝ちのような、そしてこの映画に出演して素晴らしい体験をすることができたような、そんな大切な人々に喜んでもらえる経験を積み重ねていくのだ。もっと先へ、もっと先へ進みたい。

台湾に着くと、蒸し暑い熱気が僕を包んだ。人生で初めての海外だ。胸が弾むが、観光どころではない。

僕の父役の累央さんと妹役の佐藤玲さんも到着した。ホテルへ向かう車の中で、僕は佐藤玲さんと色々な話をした。彼女は大学でメソッド演技を学び、蜷川幸雄さんの舞台でシェイクスピアに参加するなどの活動をしてきた女優さんで、僕と同い年であった。そしてこの後に合流することになるのが母役の洞口依子さん、姉役の石坂友里さん。

着いたのはとても広いホテルだった。浴室も綺麗でWi-Fiも完備しており、ジムとサウナまで用意されている。すごくありがたい環境だと思った。一人に一台携帯が配られ、連絡はその携帯で取ることになっていた。キャストは皆同じホテルで、必要に応じてコミュニケーションが取れるようになっていた。


翌日からすぐ衣装合わせが始まった。車でひたすら山奥に進んでいくと、そこには巨大なベースキャンプがあり、何台もの巨大なトラックが止まっていた。三百人以上のスタッフがいるのだと聞かされ僕は呆気にとられた。

ほとんどが海外のスタッフで、中には台湾人のスタッフも多かった。僕は早速、笑顔で挨拶をしてみた。皆が優しい笑顔を浮かべて挨拶を返してくれた。

しかし、中には態度が冷たいと感じるスタッフもいた。英語が完璧には話せないので、コミュニケーションにストレスを感じているようであった。僕の片言の英語で彼らは少し優しくしてくれたが、他のキャストで英語を話そうとする日本人は少なく、皆が黙り込んでいたので、日本人の僕から見ても彼らは何を考えているのかわからなかった。

衣装合わせが終わり、僕らはホテルへ戻った。撮影は明後日だと聞かされ、僕らは解散した。僕の心臓の鼓動は高鳴ったままだった。僕と同じ日本人がスコセッシの現場で闘っていることに興奮を感じた。素晴らしいことだ。早く撮影が始まれ、そんな思いであった。

その翌日は一日をホテルの中で過ごした。とても長い一日であった。心はエキサイトして燃えているのに、時計の針は進まない。僕はこのままではいけないと思った、明らかに舞い上がっている。

何時間もかけて、僕は今まで準備してきたことを、役の感情を心に蘇らせた。ふと鏡を見ると、その顔はあまりに別人の顔をしていた。この目だ、裏切られた弟の、この目。気づくと自分が海外にいることもスコセッシの映画に出ることも忘れ、僕はただ芝居に集中していた。だから本番の撮影をしている最中、スコセッシが僕のそばに来て親指を突き出してグッドサインをしてくれるまで、僕はその存在すらもほとんど忘れていたのだった。

／

本番の朝を迎えた。ここですべての準備を手放すこと。これは僕がとても大事にしていることだった。すべての準備を手放し、その場で感じたままに演じること。その覚悟を決め、撮影現場に行くと、台湾は突然の台風に襲われた。雲行きは怪しかったが、あまりに突然の暴風雨だったので、本当に撮影ができるのかと心配になった。張っていたテントが吹き飛びそうになるような台風だった。しかし、撮影は決行、現場は荒波が激しい海岸で行われ、そこはまさに世界の果てのような場所であった。

待機場所に行くと、そこにはもう何ヶ月も台湾で撮影に参加しているキャストもいて、キャンプで待機している間、様々な話を聞かせてくれた。監督の姿を見る機会はそんなに多くないのだと言っていた。その日の撮影が終わると監督を迎える車が来て、帰っていく監督の車を見て、今日も撮影が終わったと気づくのだと云う。

撮影自体は、何度も撮り直すことも多く、これまでの処刑シーンなどの撮影は壮絶を極めるものだったと言っていた。

すると、そこにキチジロー役の窪塚洋介さんが入ってきた。僕の憧れの人である。僕が立ち上がり挨拶をすると、
「なんかわかるね」
と言われた。これは、僕が弟役なのがなんかわかるという意味だ。窪塚洋介さんは台風の中でも僕らと同じテントに自分の椅子を持ち込み、精神を集中させていた。豪雨の中で目をつぶる彼の周りには、とても静かで力強いエネルギーが流れていた。

そして本番の時を迎えた。僕ら家族の処刑方法は火炙りの刑であった。僕らは身体をきつく縛られ、積み重なった太い薪の上へのせられた。吹き荒れる暴風雨の中で、僕は恐怖を感じた。ここで縛られているのは僕の家族である。カメラのセッティングを終え、スタッフの叫び声が飛び交う中で、僕は次第に取り乱していった。どうすればいい、家族の泣く声が聞こえてくる。空に向かって助けを求めても、もう逃げ場はない。
「ローリング…レディー、アクション!!」

そこからは断片的な記憶しかないが、僕はとにかく必死だった。僕らを取り囲む村人に助けを求め、縛られた身体を必死に解こうともがいた。家族を助けなければと思った。妹に触るなという思い。天国（パライソ）に行けるなどという考えは、圧倒的な死の恐怖の前では忘れ去られ、僕らは泣き叫ぶことしかできなかった。自分ではあまり思い出せないのだが、僕はどうやら縛られた身体で跳ねていたらしい。助監督から聞いた話によると、それはまさに監督が見たかったもので、スタントにやってもらうつもりでいた行為なのだそうだ。

カットの声がかかった時、僕の全身は痙攣していた。僕はすぐに多くのスタッフに囲まれた。冷たいなと感じていたスタッフも駆けつけてくれ、必死にケアをしてくれた。

そのカットは一発でＯＫが出た。僕は驚いたが、喜ぶ余裕なんてなかった。身体はずっと震えていた。そして「沈黙」というタイトルが少し理解できたような気がした。なんという圧倒的な暴力だろうか。村人も役人も、そして神も、誰も助けて

はくれないのだと本当に思った。

「監督ですよ」

という叫び声が突然聞こえた。僕は最初、その声が聞こえなかったのだが数秒後にその事実に気が付き、縛られた身体で横を見た。するとそこには、台風の中で僕を見つめるマーティン・スコセッシの姿があった。彼は静かな笑顔で親指を突き立てグッドサインをした。いつもそうだ、心が通じ合うのに言葉は要らない。僕はすべてが通じ合ったような気がしたのだ。精一杯の笑顔でそれに応えた。

そしてその後、ヨリのカットを撮ることになった。そして、そのカットも一発でOKが出ると、今度はさらにヨリのカットを撮ることになった。

「監督が素晴らしいと言っています」

という日本語が聞こえた。

そのシーンの撮影が終わった。この時の僕の正直な感想は、あまりに過酷すぎるというものであった。皆はこのような撮影を何日も続けてるんだ。あと少し、あと少しで僕の撮影は終わる。正直、これが今の僕の実力なのだろうと思った。一日ですべてを使い切る、そのパワーしか残されていない。だけど、それでも構わない、役の人生を全うするのだ、待機時間は集中力を絶対に切らさないようにした。台風の中で、昨日まで暑かった台湾はすごく寒く、気を抜くと終わりだと思った。

そんな時、ある女性が話しかけてくれた。その人は監督の通訳も兼ねていた。撮影中から日本語で語りかけてくれていたのはこの人だったのだ。

「監督が素晴らしいと仰っていました。ジュアンのオーディションの映像もとても良かったです。私たちはずっとこの映画を実現するために頑張ってきました。これからハリウッドに挑戦するなら英語を勉強するといいですよ」

様々なことを話したが、彼女はそんな言葉を僕にかけてくれた。その言葉を今でも思い出す。そして、僕は今でも英語の勉強を続けている。いつか語学力を磨くためにアメリカに行きたいと本気で考えている。とにかく、それほど印象的な言葉をかけてくれたのだ。

そうしているうちに次のシーンのセッティングが終わり、撮影が始まった。兄のキチジローが踏み絵を踏んで、家族を裏切るシーンである。画のバランスという理由なのかもしれないが、僕の立ち位置が真ん中に変えられた。自意識過剰なようで書くのも恥ずかしいのだが、そんなことが僕にとっては大切な記憶なのである。

本番が始まった時のキチジローの目は、まさに苦痛に満ちたものだった。彼はキリストの絵を踏むと、その場でうずくまり、声を上げずに泣いた。僕はそれを黙って見ていただけである。そしてそのカットも一発でＯＫが出た。

こうして映画「沈黙」の僕の撮影は終わった。放心し、震える身体で、スタッフの指示を聞く。ベースキャンプに戻ろうと車に乗り込むと、先ほどの女性が僕らに声をかけてきた。

「待ってください、監督が挨拶をしたいそうです」

そんなチャンスが訪れるとは思っていなかった。モニタールームの方へ歩いて行くと、マーティン・スコセッシ監督が待っていた。僕は力強い握手をし、感謝の思いを伝えた。そして監督も僕にありがとうと言ってくれた。いつかまた会えるだろうか、僕はいまこの文字を書きながら夢を描いている。北海道の田舎から出てきた何者でもない青年が、あなたの映画に出てこんなに沢山の溢れる言葉を書き残している、いつかまた会えるだろうか。頑張ろう。もっと、もっと頑張ろう。

／

ホテルに戻っても、高揚した気持ち、いや、あの気持ちをなんて表現すべきか、高揚を越えて絶望に近いような、逆説的な気持ち。生きる目的を一度失ったような、空っぽの感覚。その感覚は続いたままだった。僕はフラフラと台湾の夜の街を歩いた。台湾の夜市には人が溢れていた。食べ物を食べても味がしなかった。あれほど空腹を感じていたのに今は何を食べても何も思わない。僕は人混みを離れ、石垣に腰掛け、人通りを眺めていることしかできなかった。

きらびやかなライトと飛び交う人々の声が、空っぽの僕の心を通り抜けていった。僕は味のしないビールを飲みながらゆっくりと歩いてホテルへと戻った。そして泥に沈むように、眠った。

その翌日、東京に帰る日が来た。

現地スタッフとも別れを告げ、僕らは空港へと向かった。石坂友里さんと佐藤玲さんが一人でいる僕を迎えいれてくれ、そこで様々なことを話した。石坂さんが話しているのを聞いて、そこで撮影中の記憶が蘇ってきた。僕はその時の記憶をわずかに失っていたのだとその時気がついた。それほど夢中になっていたのだ。

やがて僕らが乗る飛行機が到着した。さよなら台湾。

日本に到着した。空港にはマネージャーの安藤さんが待ってくれている。長い通路を歩き続ける。その足取りは軽いものだった。話したいことが沢山あるのだ。

通路を抜けると、そこには飛びきりの笑顔の、安藤さんがいた。僕もとても笑顔だった。帰ってきたのだと実感した瞬間だった。帰るべき場所がある、おかえりと言ってくれる人がいるということがとにかく嬉しかった。世界の果てのような、あの海岸から帰ってきたのだ。

伝えたいことが沢山ある。沢山の感謝の気持ち。この映画が僕に気づかせてくれた沢山のこと。映画「沈黙」についての文章を書いてほしいと言われた時、自分が感じたすべてを伝えようと思った。僕はずっと自分が嫌いだった。嘘つきな自分が嫌いだった。誰かをいつも騙している気がして、自分の居場所は何処にもないと感じていた。俳優という職業に出会った時、初めて正直に生きることができたのだ。声を上げて叫んだ。自分の本当の人生がここにあるのだと。演技といわれることが僕にとっては真実そのものだった。そして皆に出会った。僕を誇りだと言ってくれる人に出会った。道はまだまだ途中、いやむしろ始まったばかりだ。僕はもっと先へ進み続けるのだという強い意志と溢れる想いをここに書いて伝えたかった。

帰りのタクシーに乗り込むと、安藤さんからおにぎりを渡された。

「これ、美由紀さんが握ったおにぎり。お疲れ様」

僕はそれを受け取った。疲れきった心に温もりが広がっていく。安藤さんは僕が話すのを楽しそうに頷きながら聞いてくれ、去り際にこう言った。

「今週末に映画のオーディションが入るよ、頑張ってね」

僕は笑顔で別れを告げ、頑張ろうという決意を固めた。そうだ、僕は次に進んでいかなくてはならない。

家に帰ると、僕は椅子に腰をおろしたまま、しばらく動くことができなかった。暗い部屋の中で、放心していると、美由紀さんが握ったおにぎりのことを思い出した。そのおにぎりを暗い部屋の中で食べていると、何故だか涙がこぼれてきた。美味い美味いと言いながら、僕はむしゃむしゃとおにぎりを食べた。

オーディション

オーディションには、良いものと悪いものがある。良いオーディションは、参加者が成長することができる。

事務所に入って初めて大役をつかんだオーディションが映画「人狼ゲーム　ビーストサイド」だった。ワークショップと呼ばれる演技レッスンを一日やって、監督やプロデューサーが、一人ひとりの性質やポテンシャルを見ていく中で、僕は無名ながらも合格することができた。ビーストサイドの現場で出会った監督や俳優たちとは今も仲が良く、友達でありライバルでもある良い関係だ。無名であろうが有名であろうが、カメラが回れば対等に勝負できるんだと知ることができたのは大きかった。そこにあったのはどこまでもフェアな世界。自分にも戦える。毎日のようにカメラの前で真剣勝負を重ねていくうちに、僕らは仲間になった。初めて良い役をもらった現場で、エキストラでは経験できない出会いを得た。

その後、オーディションで「ライチ☆光クラブ」という映画のメインキャストに選ばれた。参加者の俳優たちはそれぞれが原作を読み込んで、事前に与えられた台本に思い思いの役作りをして挑戦した。僕もかなり準備をして挑んだ。経験の浅い俳優たちにも時間を与え、対等のチャンスが与えられたオーディションだった。原作や事前台本をあえて読み込まない俳優もいた。オーディションが終わった後、プロデューサーの方が僕のもとへ駆けてきて強く肩を叩いた。その数日後に合格の知らせが届いた。ライチで出会った俳優たちはまさに第一線で活躍する俳優たちで、その存在は非常に刺激的だった。ビーストサイドのように、終わっても仲良しということはなく、作品の中で激しく交ざり合い、弾けるように離散した。

最も美しかったオーディションは映画「美しい星」である。こちらも事前に台本をもらい、かなり稽古をしてから挑んだ。個人的に稽古をするのは大切だと思う。これまで色んな参加者の演技を見てきたが、頭の中のイメージは完璧なのに、稽古をしていないので台詞が馴染んでおらず気持ちが乗らないみたいな人が多かった。あれ、思ったのと違うな、という感じだ。稀に頭の中のイメージをその場で実現できる天才もいるが、多くはそうではない。「美しい星」のオーディションでは衣装も決めていった。アロハシャツにジーンズ、髪の毛は一つ縛り。この髪型は撮影でも採用された。オーディション会場に勢いよく入ると、そこは十畳ほどの小さな会議室で、演技をするスペースの奥に、吉田大八監督を中心とした何人かのスタッフが座っていた。その吉田組の洗練された空気が美しかった。俳優に緊張を与えないようにリラックスして座っているだけなのだが、そこには洗練された空気があった。僕の記憶だが、明かりも調整されていた。蛍光灯の白い光ではなく、オレンジ色の電球色だった。その空間に入った時、僕の胸は弾み、絶対に合格したいと思った。そして稽古通りの演技をして、合格することができた。

映画「何者」のオーディションで、憧れの三浦大輔さんに出会った。十九歳のポッドールの体験が忘れられない。オーディションは数日に分けてワークショップ形式で行われた。参加者は二十人くらいいた。その初日、僕は仕事の都合で遅れて参加することになり、到着すると自己紹介を求められた。もうすべての参加者の自己紹介が終わった後だった。僕はそれぞれが思い思いに自己アピールしたんだろうなと勘違いして、大声で歌を歌った。後から聞くと、そんなことをしたのは僕だけだったらしい。オーディションの最終日は自由演技だった。決められた時間の中で、自分のことを語ってくださいという課題だった。人を笑わせる人もいたし、泣きながら自分の過去を告白する人もいた。印象的な数日間で、忘れることができない。合否が出ていないのに打ち上げをする人たちもいた。そのオーディションで選ばれた俳優たちが、映画「何者」の中で演じたのは劇団員の役だった。三浦監督は、劇団員になれる人を探していたのだ。僕らはメインキャストでもなく、台詞もほとんどない。しかしその劇団のシーンは、三浦監督がやりたいと言って作った唯一のオリジナルパートで、思い入れがあった。メインキャストの陰に隠れて、僕らは必死にこの物語に挑んでいた。たくさん稽古をしたし、たくさん遊んだ。劇団の撮影最終日に、三浦監督は泣いていた。十三年ぶりに泣きましたと言って、感謝を伝えてくれた。

僕がオーディションで合格した回数なんて、たかが知れてる。落ちた回数は数えきれない。

コマーシャルも含めれば百回くらいは落ちているだろう。でも不合格なんて忘れてしまった。たった数回の合格が、光り輝く宝物の記憶だ。パッと自己紹介させられてその場で配られた台本を三分くらいで読んで、僕ら俳優の何がわかるんだろう。オーディションに参加をするということはジャッジをされるということだ。そこに勝敗があることは確かであり一つの真実だ。それでも、人と人が出会い、ほんの一瞬にせよ一つの時間や作品を共有する。そこには勝ちと負けだけじゃない、その間の何かがある。それは本気で物語へ挑もうとする人たちへの敬意かもしれないし、どうしてもあの作品に出たかったと流す涙かもしれないし、一生忘れない光り輝く記憶かもしれない。良いオーディションは、人を成長させる。

映画、青春

「止められるか、俺たちを」という映画の出演をオーディションで射止めた！　僕はこの映画で出会った人たちのことを忘れない。

若松孝二監督を演じた井浦新さん。居酒屋さんに入ったらまずお箸とお皿を並べるんだという社会の基本から教わった。新さんはいつも「頼みたいものを頼みたいだけ頼もう」と僕らに言ってくれる。僕ら後輩たちは高揚して、たくさん食べて、たくさん飲む。気がつくと夜は深くなっていて、場の熱気がすごいことになっている。あの熱気は、新さん自身が持つ熱と、僕らの熱を受け止めてくれる新さんの懐の深さがもたらしたものだ。だからいつも忘れられない夜になる。忘れられない夜を積み重ねるとどうなるか、想いが深くなる。この作品においては、それが作品にも反映された。撮影が終わった後も、公開が終わった後も、僕らは忘れられない夜を何度でも積み重ね、作品や人への想いを深くしていく。一本の映画と深く関わることを、井浦新さんから、そして監督の白石和彌さんから教わった。

「止められるか、俺たちを」のオーディションで、白石監督は数回演技を見て、

「季節はもう、時間の問題でしょ」

と言った。じゃあ使ってくれと、僕は心の中で叫んだ。その叫びが届いたのかもしれない。僕

は大役に抜擢された。それが荒井晴彦という役だった。

荒井晴彦さんといえば、知る人ぞ知る映画人。激動の闘争の時代を生き延び、若松プロにいた後、脚本家として何本も傑作を生み出し、今も映画界に唯一の花を咲かせ続けるレジェンドの一人だ。

「止められるか、俺たちを」に荒井が登場した時、門脇麦ちゃん演じるめぐみに言われる一言、

「みんなアンタのこと殴るって言ってるよ」

その台詞にも驚くが、さらに驚くのは、その時代から五十年が経った今でも荒井さんを〝殴る〟と言う映画人がいることだ。とにかく超個性的な人物なのだ。オーディションの僕の演技を見て、何故白石監督が僕にこの役を演じさせたいと思ったのかわからないが、とにかく嬉しかった。やっとつかんだ大役だった。全力で演じようと思い、色々準備はしたものの、完全にしっくりきた状態でクランクインできたわけではなかった。本当にこれで良いのか、いつも不安に感じていた。荒井さんと親友だった斎藤博さんを演じた上川周作とはずっと一緒にいた。

ある日、井浦新さんに飲みに連れていってもらおうぜと、周作と二人、作戦を立てた。外で数時間待っていると、新さんが現れた。僕らは「おつかれさまです」と叫んだ後、新さんに演技の相談をした。新さんはその場で、僕らの話を聞いてアドバイスをくれた。そして颯爽《さっそう》と帰っていった。その颯爽と帰ってゆく格好良さに、若い僕たちは感動した。

「もうこれはあれだな。打ち上げだ。今日は俺たちよく頑張ったから、二人だけで飲もう」

近くの中華屋で紹興酒を飲んだ後、高円寺に移動して乾杯し直し、そのまま周作の家に泊

まった。楽しい夜は更けていった。

「季節くん起きろ！」

その叫び声で僕は目が覚めた。周作が大慌てで家を走り回って準備している。

「季節くん、集合時間まであと十分しかない！」

と泣きそうな声で叫んでいる。僕も布団から飛び出した。二人で家を出て、全力疾走で通りまで出てタクシーを捕まえる。

「新宿までお願いします！」

タクシーは奇跡的に集合時間ちょうどに到着した。若松プロのセットに入って、洗面台で顔を洗った時、鏡の中の自分と目が合った。ぱんぱんに腫れた顔面と、二日酔いに歪《ゆが》んだ表情、不健康な顔色や濡れた前髪。なんだか、しっくりきた。そのすべてが理想の荒井晴彦に近かった。それまでは少し減量したり、酒も飲まず真面目に撮影していたけれど、この日をきっかけに、すべてのエネルギーや時間を共演者とのコミュニケーションに費やすことにした。あの鏡の中の自分にしっくりきたのは酒だけのおかげじゃない。周作と過ごした密度の濃い時間だ。この密度が、そのまま演技になる。この発見は荒井晴彦を演じる上で大きなヒントになった。

セントラルアパートの屋上で、若者たちが酒を飲み歌っているシーン。誰に怒られてもいい、思いっきり騒いで酔って喧嘩して歌い上げてやろうと思った。あの時ぼくらは無敵で、この世界のすべてから許されていた。無限を感じていた。遠く離れた場所で私服の井浦新さんが僕らを見つめていた。その眼差しはどこまでも深く優しかった。新さんはその後、遠くの空に向かって何かを語りかけているように見えた。

あの時間は、永遠に続くように思えた。暮れてゆく空が夜にならずに、いつまでも僕らを青く染めてくれる気がした。あの時間を生きていためぐみも、オバケも、確かにあの屋上に生きていたのだ。白石監督の優しい眼差しとカメラマンの辻智彦さんの引き画が、僕らの永遠を映し、映画にしていく。

映画が公開されてからは、トークショーで集まって乾杯したり、若松孝二監督の命日に集まって献杯したり、酒場では色んな出会いがあった。映画にも登場する「ブラ」というバーでは、大きなテーブルを囲んで、若松プロに関わってきた映画人たちが夢中で語り合っている。僕ら若手は椅子には座らず、先輩たちのお酒を作ったり片付けをしながら、こっそり高いお酒を飲みまくる。足立正生監督に挨拶をした時は、僕と毎熊克哉が軽くお腹にパンチを食らった。「この人強い」と思った。さすがはゴールデン街のゴリラと呼ばれた人だ。あそこで泥酔しているのは瀬々敬久監督じゃないか。号泣して「ちくしょう」と叫びながら椅子から転がり落ちている。

また別の日には大森立嗣監督チームの打ち上げとバッティング。席を交えて大宴会が始まった。あらゆる場所で、舌戦が繰り広げられている。僕もずいぶん生意気してしまった。楽しい夜だった。

下北沢のトリウッドで上映があった時は、荒井晴彦さん本人がトークショーに参加した。その夜は僕の誕生日だった。その夜の飲み会で「今日は安田講堂から五十年か」と誰かが呟いて場が静かになった。その沈黙の重さに緊張した。荒井さんが焼酎を飲んで、足立さんの頭を叩いている。そこには二人にしかわからない親密さがあった。

白石組の大勢で打ち上げをした時は、井浦新さんと大西信満《しま》さんが静かに乾杯をしていた。グラスが鳴る音まで覚えている。

「この乾杯は真似できないな」

隣にいる毎熊克哉が呟いた。僕もそう思った。

京都から高岡蒼佑さんが来て、上映に参加した。中華屋に少し滞在した後「息子に会いたいから」と言って京都に帰っていった。高岡さんはその後、格闘家としてデビューしてリングで戦っていた。格好良かった。

新宿にある若松プロダクションでも、何度か集まって乾杯をした。大きな若松孝二監督の写真が、酔っ払う僕らを笑顔で見ていた。これだけ書いても、まだ語り尽くせない夜がある。

この心に「止められるか、俺たちを」が残してくれた痛みがある。熱くて悲しくて懐かしくて笑えてくるような、ひっかき傷がある。その傷跡の存在を心に感じる限り、僕はこの映画で出会った人たちを忘れはしない。そして若松孝二監督を始めとした、亡くなった若松プロの英雄たち、この映画の真ん中にいた吉積めぐみのことを、悼み続ける。

友人 その二

二十歳の時、真司という友達ができた。新宿歌舞伎町にあった地下の劇場で出会い、唯一の同い年だったこともあり仲良くなった。初めて話したのはコンビニの前だった。真司は煙草を吸っていた。

「どうして俳優になろうと思ったの?」

と僕が聞くと、真司は照れ臭そうに笑いながら、

「俺バンドやってたんだけど、辞めてやることなくなっちゃって。それで役者やってみようかなって」

真司はそう言いながら煙草を吸ったが、その煙草はもう短くなりすぎて手元で火が消えていた。熱くないのかなと僕は思った。それでも真司は火の消えた煙草をまだ吸いながら恥ずかしそうにしている。あ、こいつ恥ずかしがり屋なんだ。僕はその時彼に対して好感を持った。十年経っても鮮明に思い出せるほどの好感だった。

「演技とかよくわかんなくてさ、とりあえずこの役はどんな気持ちで海に行ったんだろうと思って、海に行ってみたんだ」

「そうなんだ。なんかわかった?」

「よくわかんなかった」

一緒に俳優を目指した。色んなオーディションを一緒に受けたし、好きな映画を共有し合って、何度も夜が明けるまで酒を飲んだ。真司は時々、ギターでレッチリやビートルズを弾いてくれた。その音色が忘れられない。

彼の持つ繊細さは代えようがなかった。演技をすると目がダイヤモンドのように発光した。けれど彼の持つ恥じらいは消し去ることができない。その恥じらいこそが繊細さを生み、見る人を感動させた。「やらせてください、絶対できます」と挙手する人の演技には無いものがあった。いつも怯え、自分にできるだろうかと悩み、それでも言葉をぶつけようとする、その瞬間に感動があった。僕に無いものを彼は持っていた。


二人で夢を追いかけた。でも芸能事務所に合格したのは僕だけだった。僕が活躍するのを彼は喜んでくれたけど、内心は苦しそうだった。工事現場のバイトも二人でやっていたけど、彼の遅刻や欠勤が多くなり、罰金がかさんで来なくなった。働いても罰金のせいで日給はもらえなかった。そんな日は、僕の日給で酒を飲んだ。

二十三歳の時、彼が怪我で入院した。僕は手土産に「あしたのジョー」を全巻買って、病院に行った。「あしたのジョー」を読んだら真司が元気になるかもしれないと思った。

知らず知らず、僕の行動や言葉が、彼を傷つけていた。

「人を傷つけるやつは幸せになれない。永遠に負け組だよ」

僕が言った何気ない言葉だった。優しいお前は必ず幸せになるという気持ちを込めていた。しかし、この言葉に真司は傷ついてしまった。自分は負け組なんだと思い込んでしまった。

真司が退院した。怪我の後遺症でギターが弾けなくなった。あのレッチリやビートルズは、もう聴くことができない。真司は自宅に引きこもりがちになり、働かなくなった。僕は彼に「バイトをしろ」「実家から出ろ」と言った。たまに大喧嘩をしたが、真司が僕を責めたことは一度もなかった。彼はいつも優しかった。優しすぎた。誰かを責めることも、誰かのせいにすることもできない性格だった。だからすべての失敗や後悔は自分のせいだと、自分を責めた。


二十五歳の時、僕と真司が主演の映画を撮ることになった。林知亜季《はやしともあき》という映画監督と三人でお茶をするうちに、映画の構想が生まれた。林さんはドキュメンタリーも撮っている人だったので、二人の関係性をそのまま映画に持ち込めないかという話になった。二十五歳の僕らのことを林さんに打ち明けて、フィクションの物語を作っていった。二人の関係性、生活のこと、お金のこと、家族のこと、生い立ちのこと、色んなことを話して脚本が生まれた。

映画はそう名付けられた。ヒロインをオーディションして、その年の冬に映画はクランクインした。街はクリスマスのネオンでキラキラしていた。二人で映画の主演をやるのがずっと夢だった。その夢を、自分たちで叶えた。最初で最後かもしれなかった。それほど、二人の関係もギリギリのところまで来ていた。その関係を、映画の中に持ち込んで対話をしようと思った。その僕の一方通行な想いと、それを受け止め続け、それでも僕を心配しようとする真司の優しさが、どこまでも映ったと思う。さすがにカットされたけど、カメラが回り続けアドリブで大喧嘩になったこともある。真司はこの映画をきっかけに清掃業の仕事を始め、三十歳になった今もそこで働いている。僕の仕事を応援してくれて、映画館や劇場まで自分でチケットを買って、こっそり観にくる。この間は、長野県の松本まで舞台を観にきてくれた。

僕らは今でも変わらず友達だ。「東京ランドマーク」は五年の時を経て、完成を迎えようとしている。この映画が誰かのもとに届いて、真司が、十年前に出会った時のように恥じらいながら舞台挨拶する日が楽しみでしょうがない。

夢は叶うんじゃないかな。そんな綺麗事、たまには言ってもいいよね。

父から教えられた映画　その二

「人様のために頑張りなさい」

歳を取った父の口癖だ。別に父は自慢できるほど立派な人ではない。愛情表現も下手くそだった。それでも不器用なりに、愛は深い人だと思う。バスの運転手として必死で働き続けて、家族を養った。十年前に離婚してからは北海道を離れ、今は九州のお寺で修行をしながら働いている。人様のために頑張る道を、父なりに見つけたのかもしれない。前言を撤回する。父は立派な人だ。

父が僕に教えた映画「サイモン・バーチ」は生まれつき身体の小さい男の子、サイモン・バーチの物語だ。サイモンは敬虔《けいけん》なクリスチャンである。サイモンは、自分には神から与えられた使命がある、こんな自分にも生まれてきた意味や役割があるはずだ、と信じて疑わない。サイモンは身体が小さいというハンディキャップにも負けず「僕は奇跡なんだ」と自分のことを奇跡と呼ぶ。生まれてすぐ宣告された余命も乗り越える。ユーモラスでアイスクリームが大好きで負けず嫌いでちょっとスケベなサイモン・バーチが、僕は大好きだった。

この少年が、大勢の命を救うクライマックスシーンがある。雪山で起きたバス事故に巻き込まれたサイモンは、車体ごと凍てつく湖に落ちたバスの中から、すべての乗客を救い出すのだ。

この命を使う時が来た、これが僕の使命だと言わんばかりに、サイモンは困難に立ち向かい、自分の命を落としてしまう。サイモン・バーチは僕のヒーローだった。僕もこの命を誰かのために使いたい。たとえサイモンのように短い命でも、最後まで美しくありたい。まだ少年だった僕が抱くサイモンへの憧れは、美しい死に対する憧れでもあった。

人様のために命を使うこと。そんな生き方を映画に教えてもらった。映画を通して、父に教えてもらった。

オファー

少しずつ、映画やドラマのオファーが増えていた。僕が俳優をやっていて最も嬉しいと思える瞬間は、作品のオファーが来た時だ。自分が誰かに必要とされる瞬間、新しい人生の扉が開く予感を感じる瞬間。特に、代えのきかない役を任された時は、嬉しくなる。

初めて映画のオファーが来たのは映画「ケンとカズ」が公開された直後。「全員死刑」という激しいタイトルの映画だった。映画の内容はもっと激しかった。主演は間宮祥太朗。昔からの仲なので「季節なら思い切りやれる」と言われて身震いした。

次にオファーが急増したのが映画「止められるか、俺たちを」の公開後だ。荒井晴彦さんを演じたのが好評で、あらゆる映画人やスタッフから「観ましたよ」と声をかけられるようになった。これまでより個性の強い役をもらったり、大きい役割を担う機会も増えていった。

この時期から、まだ大した実績もない僕の存在に目をつけ、信じてくれた監督がいた。それが今泉力哉という人だった。知り合ったきっかけは思い出せないけど、食事に誘われたので、渋谷のツタヤ前で待ち合わせた。待ち合わせたけど、どこで食事をすればいいかわからない。監督と二人でご飯なんてしたことなかったし、お互いに緊張していた。

「僕が普段行く、安くてうるさいお店でもいいですか?」

試しに僕がそう聞くと、今泉さんは嬉しそうに同意した。その店の奥まった席に座って、僕らは色んなことを話した。帰るタイミングがわからなかった。ご飯も食べ終わって、お酒も飲み干した頃、「どうします？」と僕が聞いてみた。

「どうしようか」

「…じゃあ、あと一杯だけ飲みましょうか」

「そうだね」

「すいませーん。僕この焼酎おかわりで」

「あ、じゃあ、オレンジジュースと、タコの唐揚げ」

オレンジジュースだと。しまった。今泉さんもうお酒飲みたくないんだ。ん、今タコの唐揚げ頼んだよな。どっちだ。まだ食べるの？　でもお酒はいらないの？　帰りたいのか、帰りたくないのか。判断が難しかった。今泉さんも僕の出方をうかがっているような気がした。タコの唐揚げが到着すると、僕らはその唐揚げをすぐに平らげた。そして店を出て解散した。

僕はある日、マネージャーから連絡をもらい、喫茶店に呼び出された。喫茶店に呼び出されるのは珍しいことだった。世間話をした後、僕に企画書と脚本が手渡された。オファーだ。僕の胸はときめいた。

「映画のオファーが来ました。監督は今泉力哉さんです」

僕の頭に、居酒屋の奥まった席に座る今泉さんの姿と、オレンジジュースとタコの唐揚げが浮かんだ。あの居酒屋は今はもうない。

h　i　s

おげんきですか?

空ちゃん、あなたに会いたいです。

迅、渚、ふたりはどうしてる?　喧嘩をせずに愛し合ってる?
喧嘩はしてもいいけど、ちゃんと仲直りして手を繋いでね。

玲奈、君は働きすぎて疲れてないかい?
たまには心も身体もゆっくり休めてね。

美里ちゃんは、愛する白川町で素敵な人が見つかった?
きっと大丈夫だよね、君は素敵でチャーミングな人だから。

みんなのことを思い出して、
夜の帰り道で「マリアロード」を聴くことがあるよ。
みんなに会えて僕は本当に嬉しかったよ。

また白川町に行きたいな。
カメムシと戦ったり、お鍋を作ったりして食べたいよ。
コタツに入って昼寝をしたいし、色んな場所を探検したい。

一度、空を泣かしてしまったことがあったね。
空は眠かったのに、がんばってご飯を食べようとして、
もうお腹いっぱいなの?
と僕が聞いたら泣いてしまった。
その空の泣き顔が可愛くて可愛くて、
僕はあわててカメラで写真を撮ったんだ。
そしたら空、おこっちゃった。
おぼえてる?
何日か口をきいてくれなかったけど、

学校の音楽室で仲直りしたね。
ごめんね
って僕が言ったら、
いいよ
って空は言ってくれた。

空がすくすく育ってくれることが僕の願いだよ。
人に優しく、自分にも優しく、焦らずに、
一歩一歩大人になっていってね。
笑いたい時は思いっきり笑って、泣きたい時はたくさん泣いてね。
困ってる人がいたら助けたり、抱きしめてあげてね。
助けてほしい時は助けてって素直に伝えてね。強がらなくていいからね。
疲れたら休んでね。人生は長いから、休憩してもまた歩き出せばいいよ。
好きな人が出来たら、僕よりカッコいいかよく考えてね。

迅と渚、ふたりはお互いに足りないものを持っているね。
二人とも完璧な人間ではないから、心にぽっかり空いた部分があって、
それはお互いじゃないと埋まらないんだね。
心の一部だから、好きであればあるほど、苦しくなることもあるよね。
喧嘩をしてしまうことも、相手を傷つけてしまうことも、
怖くなってしまうこともあるよね。
誰かを好きになるってどうしてこんなに怖いんだろうね。
それでも勇気を出して二人は一緒になったね。
玲奈を傷つけたことを忘れた日はないけど、
それでも一緒になったね。
二人の未来がずっと、もっと明るいことを願っているよ。
世界中が敵に回っても、二人が手を繋いでいれば大丈夫だよね。
でもね、世界中は敵じゃないよ。味方がたくさんいる。
僕も味方だよ。
男同士だから結婚できないとか、

「社会が混乱する」とか、
「すべての国民が安心して生活できるよう留意」とか、
その「社会」や「国民」の中には、二人だっているんだよ。
逃げる必要なんて、本当はないんだ。
そんな当たり前に生きている人間の、
当たり前の権利の話で、
この国や世界はまだ傷つけ合ってるよ。
戦うのが辛くなることもあると思うけど、
辛かったら休んでいいからね。
ゆっくり、進んでいこうよ。

みんなが笑顔で返事を書いている姿が目に浮かびます。
生きていると辛いことがたくさんあるけど、
みんなの笑顔を想像すると心が明るくなります。
これからも僕の心に住み着いていてね。
離れててもみんなのことを思い出すよ。

his を愛してくれたみんなへ。
ありがとう。僕もみんなのことがだいすきだよ。
その愛はずっと届いているよ。
みんながたまに流す涙も届いているよ。
笑った顔も届いているよ。
これからはもっと優しい物語を届けるよ。
世界は明るい場所へ向かっていることを伝えたいよ。
僕たちの繋いだ手が、合わさった心が、そのことを伝えるよ。
いつか、また会える日まで。

てがみがとどいたら、へんじをください。

きせつ

おばあちゃん

僕を映画館に連れていってくれた祖母。僕がだんだん大きくなると二人で手を繋いで映画館に行く機会もなくなり、祖母とはたまにご飯を食べたり近況報告するだけになっていった。あれは正月だったろうか、祖母が家に泊まりにきていた時、みんなで手巻き寿司をしていた。僕は自分で刺身を丼にのせて海鮮丼を作っていた。原因は忘れたが、その時僕はひどく母に怒られた。反抗期にさしかかっていた僕はむしゃくしゃしてしまい、ついに泣きながらそのどんぶりを食卓の上にひっくり返したのだ。母は激昂し、あなたは食べなくていいから部屋に入ってなさいと言った。僕は一人部屋に閉じこもってしまった。僕はお腹が空いていたし、母に怒られたショックもあって落ち込んでいた。しばらくするとノックがあった。小さなノックだった。祖母だった。祖母は僕がひっくり返したどんぶりを持っていた。中を覗くと、僕が一度食卓に落とした刺身がご飯の上に並べてあって、祖母はわざわざそれを拾い上げて丼に盛り直してくれたのだ。祖母が隣に座った。その時祖母は鼻水を垂らして泣いていた。僕はその表情を忘れない。僕も祖母の泣き顔が悲しくて、一緒に泣いた。本当に心の優しい人だったのだ。

その祖母が二〇二二年八月二十一日、天に召された。

僕の小学校の学習発表会。祖母は身体が悪いのに、最前列の真ん中に座って僕の踊りを見ていた。体育館は蒸し暑かった。そしてその夜、祖母は倒れてしまった。重症にはならなかったけど、大好きな祖母が目の前で倒れた時はショックだった。最前列の真ん中で僕の登場までずっとずっと待っていたからだ。

中学生になった頃から、祖母とは全然会わなくなった。僕が東京に出てきてからは、たまに電話するだけになってしまった。最後に会ったのは、姉の結婚式だ。久しぶりに会う祖母は車椅子に乗って、耳も遠くなっていた。僕は悲しかった。悲しくて、本当はもっとたくさん話したかったのに、全然話せなかった。札幌に帰った時、何度か祖母を訪ねようか迷ったが、行かなかった。そしてある日突然、祖母が亡くなったというメールが父から送られてきた。

僕は仕事やコロナの影響もあって、葬儀には参加できなかった。姉から送られてきた遺影の写真がとても綺麗な笑顔だった。美しい赤ん坊のような目で、深い笑顔が写されていた。生きているうちに、もう一度会いたかった。もう一回色んな話をして、手を繋ぎたかった。

この前、祖母のお墓がある北海道の旭川を訪ねた。旭川はとても美しい街だった。遠くまで延びる石狩川も、大雪山も、見本林も、公園に生える大きな柳の木も、青空も、すべてが美しかった。祖母がずっと暮らしていた街だ。亡くなる時は旭川を離れていたから、お墓に帰れて嬉しかっただろうね。おかえり。

また会いに行きます。お墓にも行くし、天国にもいつかは行きます。だからおばあちゃん、天国で僕が出てる映画でも観て待っててよ。すごいんだぜ、映画館で僕のこと観られちゃうんだから。また昔みたいに並んで座って観よう。でもおばあちゃん、もうダンボールを敷いた劇場の廊下も、最前列の真ん中も座らなくていいんだよ。僕が一番いい席を用意しておくから。

健さん

高倉健さんの映画が大好きだ。

「ありがとう」

その一言が聞きたくて「あなたへ」という映画を何度再生したことか。東映ヤクザ映画の健さんも、山田洋次監督作品の健さんも、ハリウッド映画の健さんも、どの健さんも大好きだけど、一番好きなのは遺作「あなたへ」の健さんだ。

深い悲しみは胸に、背中に、そして瞳に宿る。そのことを信じさせてくれる。「演技」とはなんだろう。色々な意見がある。

「演技なんだからさ」

「役に入るとか、引きずるとか、サムイヨ」

わかります。僕もその意見はとてもわかります。けれど僕の心に健さんがいる限り、僕はそのことを口に出すわけにはいかないのだ。

映画「単騎、千里を走る。」から「あなたへ」の出演までは六年の時が空いている。その理由を、「単騎、千里を走る。」の撮影で出会った中国の共演者やスタッフたちとの別れが寂しかったからだと、健さんは言った。人と深く関わることの痛みを知って、次の出会いに向かっていくまで六年の歳月がかかったのだ。「あなたへ」の台本には、東日本大震災で被災した子どもの写真が貼ってあったという。メイキング映像を観ると、大滝秀治さんの演じる漁師の言葉、

「久しぶりに、綺麗な海ば見た」

という一言に、カットがかかってもずっと涙が止まらない健さんが映っている。

演じるとはなんだろう。人と深く関わり、お互いの心を動かし、誰かのために届ける。演じるを信じること。

「ありがとう」

先立った妻の故郷で、一言そう呟くシーンがある。最近、その場面について気づいたことがある。健さんの足だ。段差に足を乗せるあのスタイル、あれは「ローマの休日」の新聞記者だ。きっと間違いない。健さんはその俳優の演技に影響されたと何かの本で読んだことがある。憧れを演技に詰め込んでいるんだ。だとしたらなんて素敵なんだろう。僕も幾つになってもそのように純粋に映画を愛していたい。

この映画の中で、先立つ奥さんを演じた田中裕子さんが、回想の中で、歌を歌うシーンがある。その歌声を聴きながら健さん演じる刑務官が故郷の夜空を思い出すシーンが痛切で好きなのだが、その曲を作詞・作曲したのは、宮沢賢治だ。そのことに最近気がついた。確かにその曲は健さんにぴったりだ。悲しく、美しい。「銀河鉄道の夜」が思い浮かぶ。きっとその銀河の駅には、たった一人の〝鉄道員(ぽっぽや)〟がいるだろう。ジョバンニとカムパネルラに教えてあげたい。あの鉄道員のおじさんは、僕のスターなんだよ。

星めぐりの歌

宮沢賢治

あかいめだまのさそり
ひろげた鷲のつばさ
あをいめだまの小いぬ
ひかりのへびのとぐろ
オリオンは高くうたひ
つゆとしもとをおとす

アンドロメダのくもは
さかなのくちのかたち
大ぐまのあしをきたに
五つのばしたところ
小熊のひたひのうへは
そらのめぐりのめあて

（歌曲より）

劇団た組

二十三歳の時、加藤拓也という演出家と出会った。僕より一歳下の若い男は「劇団た組」を一人で主宰していた。横浜の赤レンガ倉庫で演劇をやるために主人公を探しているらしく、キャスティングの紹介で僕を知って、面談することになった。あまり感情を表に出さず、静かに喋る青年だった。あらかじめ決められていたように、トントン拍子で話が進み、主人公を演じることになった。

赤レンガ倉庫の舞台上が回転し続けながら恋愛の会話劇が繰り広げられる「まゆをひそめて、僕を笑って」以降も、彩の国さいたま芸術劇場にバスケットコートを作って実際に試合を演じた「貴方なら生き残れるわ」、不老不死の女が恋をしてしまう「誰にも知られず死ぬ朝」、〝ぽに〟と呼ばれる霊魂のような存在に憑かれてしまう女の子を描いた「ぽに」、統合失調症の友人の失踪を描いた「ドードーが落下する」、短編映画「壊れたままでいることについて静かな」、長編映画「わたし達はおとな」等、この七年で七本以上の作品を共にした。公私共に仲の良い戦友だ。

加藤拓也はよく周囲から「天才」と評される。そばにいる僕から見ても、彼は天才だと思う。彼が執筆する姿や、執筆に苦しむ姿を見た者はほとんどいない。けれどこんなにそばにいると、いま苦しいのかなということがわかるようになる。彼はそれを人には見せない。孤独に作品と向き合う。孤独な天才なのだ。

この七年で、彼の書く作品の魔力ともいうべきものが上がっていくのがわかった。演じる方はその作品世界に、自然な流れで飛び込んでゆかねばならず、身も心も染まっていく。

二〇二二年の九～十月に上演した「ドードーが落下する」が終わった後、僕はついに倒れてしまった。三週間ほどほとんど起き上がることができず、感情の浮き沈みが回復するまで約三ヶ月かかった。その原因にはやはり、演じる難しさがあったと思う。毎公演、ラストに向かって同じクオリティのものが出てこない。不安定で不明瞭で、でもそこが面白い芝居だった。

物語は主に、二人の男を中心に進められる。一人は僕が演じる信也、もう一人は平原テツさん演じる夏目さん。その夏目さんが統合失調症で何度か失踪してしまう。失踪した夏目さんとその周囲の人間たちを描いた青春失踪劇だ。信也は夏目さんを探したり、なんとかコミュニケーションを取ろうとする。しかしそれが夏目さんにとっては苦しく、より孤立を深めていく。

「僕の気持ちって、同じ経験した人にしかわからないですから」

周囲の人間が夏目さんから距離を取っていく中、信也は夏目さんを気にかけることをやめることができない。

「僕、また集まりたいっすよ」

言葉がほとんど通じなくなった夏目さんに信也は語りかけ続ける。かつては仲間だった二人の不安定な関係がラストシーンへと向かっていく。

演じながら非常に苦しく、答えのわからないラストだった。答えのわからないもの、曖昧なものや、約束された関係の一歩手前など、加藤拓也が描こうとしているのは人間の名前のつかない部分だ。俳優はその名前のつかない心や行動を演じるために、正解のない迷路に迷い込む。その迷路をどう彷徨い、出口を求めていくか、その様こそが彼の描く人間の姿なのだ。そのもがき方は脚本の中や、加藤拓也の中にすべての正解があるわけではなく、演じる人間によっていかようにも変化していく。非常に流動的で、つかみどころが難しく、暗闇に向かって突進していくような途方もない作業なのだ。その暗闇の向こうに、光が見えることがある。この七年で何度もそれを経験し、感動に打ち震えた。その体験が今の自分を支えている。

しかし「ドードーが落下する」に至っては、暗闇に突っ込めど突っ込めど、光が見えてこない。これまでになくボロボロになって、迷宮を走り続けた作品だった。僕はこの作品が終わってから、心の整理をするのに未だ時間がかかっている。

この「ドードーが落下する」が岸田國士戯曲賞を受賞した。

加藤拓也がくれた数々の物語が今の僕を作り、それらの感動が僕を支えている。僕の心には彼の作品が残した無数の傷跡があり、その傷跡が宝石のように人生を発光させてくれた。僕らが出会った時、僕らはゴツゴツの石に包まれた、ただの汚れた原石だった。それらを磨いて磨いていく過程の中で、今僕は少し疲れている。いや、彼のことだから同じように息切れくらいはしているかもしれない。でもそれを表に出す人ではないのだ。

加藤拓也が初めて長編映画「わたし達はおとな」の監督にチャレンジする時、僕らは何故か横浜の遊園地にいた。満月の夜だ。ジェットコースターはゆっくり満月に向かって上昇していった。このジェットコースターは頂上を越えると、信じられない速度で走り出していくだろう。僕らはその頂上付近にいて、走り出す前の最後の会話を交わしている。

加藤「きゅ、求ちゃん！　ミスチル歌って」
（中山）求一郎「（歌い出す）」
季節「加藤さん、やばい、死ぬ、死ぬ」
加藤「それでも俺たちは、映画を撮るんやあ！」

ジェットコースターが、走り出した。

旅

旅に出ることがある。長くバスに揺られるのが好きだ。次に電車が好きだ。揺られている間にぐちゃぐちゃした心を整理する。その時間がどうしても必要になることがある。

初めて旅をしたのは小学生の時だ。バスに数時間一人で乗って、日本海沿いにある祖父母の家に行った。大好きなじゃがりこを買ってバスに乗り、数時間かけて大切に食べた。その時間をとても贅沢に感じた。

上京する時に、電車で東京へ向かったのも、自分が札幌を離れ東京へ向かっている時間を贅沢に味わうためだった。飛行機でパッと上京するんじゃつまらない、旅をしながらでないと味わえない特別な感情があることを僕は知っていた。

船にも乗った。大洗を出港して、北海道の苫小牧まで二十四時間、船に乗った。巨《おお》きな船だった。夜中に甲板へ出ると、夜の海が広がっていた。足が震えるくらい広くて暗い海だった。星空が綺麗だったのかもしれないが、全く記憶にない。ただ海の暗闇だけが胸に圧し迫った。

何も考えず、甲板に座り込んで海を眺め続けた。夜が明け太陽が昇ると、信じられないほど波が光った。僕はその波を見つめながら誰かに手紙を書きたいと思った。そんな風に感じたのは初めてのことだった。

徒歩で旅をすることもある。コロナで自宅待機していた時は、外出が許可されてすぐに寝袋を持って、京都へ行った。そこから東京を目指して二週間歩き続けた。風呂に入りたい時や、疲れて歩けない時は、ビジネスホテルに泊まった。この話は後述する。

三島有紀子監督の「よろこびのうた Ode to Joy」という映画に出演した時は、主人公が南三陸の出身だったので、夜行バスで仙台に向かい、衣装の服を着たまま南三陸海岸をひたすら歩き続けた。二〇二〇年の十二月だった。コロナで物語への希望を失いかけていたタイミングだった。世界の役に立たない俳優という職業。自分という存在がわからなくなっていた。だから役の衣装を着て僕は別人として歩いていた。劇中に名前は登場しないが、その星野歩という青年を忘れることはないだろう。強い無力感と強い孤独を振り払ってしまいたかった。でも僕は旅先で、どうにもならないほど寂しくなった。先輩の俳優、篠原篤さんにメールをすると「自分の足で稼いだ分は無駄にならない」という言葉をいただいた。

「映画の神様がくれたチャンスだよ。その神様は前髪が三本くらいしか生えてないから、しっかりつかんで離すなよ」

篤さんの言葉を今でもずっと大切にしている。旅をしていなければ出会えなかった言葉だ。その十分間の映画は、閉塞した世界に生きる青年と老婆が出会い、失っていた「生きる」ことへの熱情を、再び手にして走り出していくまでの物語だった。この物語に、コロナ禍で疲弊していた僕の心は救われた。三島有紀子監督が物語を生み出そうとする姿は、自身の監督作「ぶどうのなみだ」で葡萄畑を駆けていく主人公そのものだった。

宮沢賢治の故郷、花巻を訪ねる旅をした時は、花巻に数泊した後予定を変更して、札幌を目指した。病気になった知り合いにお守りを届けるためだ。旅の途中に心が変化していくのは、自分と対話をしているためだ。この心の変化はこの書籍の後半「旅の記録」の中に記述した。

こんな風に自分と対話をしたり、その感情を確かめながら旅をしてきた。自分と対話することは、社会ではあまり歓迎されない。暗い人間だと思われてしまうからだ。だから対話をするのは旅に出る時か、映画に出る時だけ。旅と映画に出ることは、似ていると思うことがある。目的地の先や途中に何が待っているかわからない、それでも一日一日少しずつ進んでいく。誰かと出会い、そこでしかできない対話をして、やがて再会を約束して別れる。帰ってきた時、自分が少し変わっているような気がする。旅も映画の撮影も、出発する前と後では、何かが違うのだ。

物語

戦争に興味を持ったのは、小学生の時だ。図書室で読んだ「はだしのゲン」という漫画がきっかけで、強く興味を持つようになった。それからアニメ「火垂るの墓」を観た。僕にも幼い妹がいたので「火垂るの墓」は心に突き刺さった。小学生の僕は、幼い妹を背中におぶって、妹に死んだふりをしてもらい、鏡の前で戦時下の子どもの気持ちを想像し、疑似体験した。戦争ごっこ。戦争のことや、人の痛みというものを、僕は物語を通して想像していた。それは今も変わらない。

「はだしのゲン」が、広島の小学校教材から削除されるというニュースを見た。理由は「今の児童の実態にそぐわない」や「時代背景の説明が必要で学習目的を達成するまで時間と手間がかかる」とのことだ。ゲンが妊娠している母のためにコイを盗むシーンや、路上で浪曲を歌うシーンが今の児童の生活実態に合わないらしい。

ゲンが広島で被爆した後、道端で浪曲を披露して米を恵んでもらうシーンがある。生まれた赤ちゃんに乳を飲ませてあげるために米が必要だったのだ。栄養失調で乳が出なくなった母のために米を探し続け、泣きながら浪曲を歌い、米を手に入れたのだ。そうまでしないと生きられない時代だったのだ。お腹いっぱいご飯を食べることができない時代だったのだ。ゲンたちが歌う路上の浪曲はそれらを意味する。「実態にそぐわない」ということではなく、豊かになって食べ物に困らないこの国に生まれた児童たちが、たった七十年前の日本の姿を、ゲンたちから学ぶのは大切なことだと思う。「はだしのゲン」の代わりに被爆者のエピソードを記載するということだが、「はだしのゲン」が画で伝える広島の香り、物語から湧き立つ匂いのようなものは、代えようがないものだと思う。戦争体験者でない教員が、被爆者のエピソードを通して背景を教えるだけじゃ、伝わらないものがある気がする。食べるものがなくて、盗みでも物乞いでもなんでもやらなければ生きられなかった時代からたった七十年で、全国の学校からどれだけの食料が廃棄されることか、戦時下の子どもたちが知ったら、目ん玉が飛び出るくらい驚くくんじゃないだろうか。

戦後しばらくアメリカの占領下にあった日本では、八月六日に平和集会を開くことも許されず、被爆者が原子力爆弾に関わる情報を出版したり広めたりすることも禁じられていた。「はだしのゲン」には、日本がアメリカから受けた被害の描写だけに留まらず、日本人が日本人に対して何をしたか、日本人がアジアの人々に何をしたか、その戦争責任についても強く描かれている。被爆者のエピソードを載せるのはとても大切なことだ。市民が原爆によってどんな被害を受けたか、その事実や真実を伝えていくことは、決してなくなってはならないことだ。特に戦争体験者が日々いなくなっていく、この時代においては。だけど、日本が受けた被害の側面のみに焦点を当てる学び方は、「日本は戦争被害者である」という認識を強く育ててしまうので注意が必要だと思う。国が、時代にそぐわないという理由で教育を変化させ、与える情報をコントロールしていくのは、占領下にあった日本の情報統制に近いものを感じる。それは、コロナ禍あたりから特に感じるようになっていった。スマホがメディアの主流になっていき、受け取れる情報が娯楽で溢れてきた。新聞を開けば、ウクライナの戦争やトルコやシリアの被災情報ばかりなのに、スマホでは芸能人のニュースが濁流のように日々更新されていく。

東日本大震災で亡くなった人、一万五千人以上。トルコ・シリアの震災で亡くなった人、五万人以上。広島・長崎の原爆で亡くなった人、二十万人以上。日本人がアジアで殺戮した人、二千万人以上。

もちろん数字の話をしたいのではない。物語の話がしたい。その一人ひとりに、家族や生活があったのだ。殴られて死ぬために生まれてくる人はいない。殺されるために子を産む母はいない。日本人が、中国や韓国の人たちにしてきたことを思うと、どうしても胸が痛くなる。

権力者の戦争の犠牲になるのはいつだって無力な市民たちだ。一生懸命暮らしていた市民たちの頭上に、たくさんの爆弾が落ちたんだ。

殺し合い。誰がそんなことを許したの？

この悲劇を忘れてはいけないし、物語がその時代に生きた一人ひとりの心を伝えていかなければならない。人の痛みや苦しみ、悲しみや怒りを伝えていくことも、物語が持つ一つの役割ではないだろうか。愛や優しさを語る作品は多く生まれているが、真の怒りを語る作品は少なくなっている。

コロナ禍でもそうだったが、真っ先に削られていくのは物語なのだ。物語の消滅。それは、人の痛みや温度を想像する心が消えていくということだと、僕は思っている。心の温度が知りたくて胸に触れても、実際に熱かったり冷たかったりするわけじゃない。「教えて」と頼んで教えてもらえるものでもない。人の心。その喜怒哀楽も、すべては想像しなければわからない。その想像を養うものが物語だと思う。

僕ら平成に生まれた世代は何故か「空白の世代」と言われた。欲しい物はほとんど手に入る。着る物食べる物には困らない。夢はなんでも選択できる。なんでも手に入って、なんでも選べる。それは子どもたちにとって、とても恐ろしいことだ。食べたい物をやっと食べられた時の喜び、欲しいと思った物を死に物狂いで手に入れた時の感動、その総量はやっぱり今と昔では違う。昔は、大好きな人と食事をする楽しさ、話せる人がいて、食べ物があって、雨風をしのげる家があれば、最高の幸せだったろう。貧しさが想像力を生み、幸せや人情を育てたのだろう。じゃあ何もかもが手に入る今、この瞬間が一番幸せなんだと教えてくれるものはなんだろう。僕は隣に話せる友人がいるだけで最高に嬉しい、みんなが笑っていれば幸せだし、そこに好きなご飯やお酒があったら、これ以上ないほど楽しい。その時間が当たり前じゃないこと、その場にいる誰にも人には言えずにいる痛みがあること、今日が終わりまたそれぞれの生活が始まること、忘れられない夜の価値を、物語に教わった。タイタニック号が沈む前は今日が最後の夜のようにビールを飲んで手を組んで踊りたいし、盲目の退役軍人が最期の命を燃やすようにレストランでタンゴを踊りたいし、それよりまず踊りを習ってみたい。

母がいつまでもそばにいないことも、最愛の人が病気で連れていかれてしまうことも、家族が事件に巻き込まれてしまうことも、余命を宣告されることも、大地が揺れることも、戦争が始まることも、そこで亡くなる一人ひとりの命に価値があることも、友人たちと泣き笑いできる夜があることも、何度踏まれても立ち上がらなければならない時があることも、自分の利益なんて捨ててでも誰かを助けたいと思う優しさや慈悲があることも、お金より大切なものがあることも、寂しい夜がやってくることも、必ず夜明けが来ることも、僕らには無限の可能性があることも、忘れてはいけない真の怒りがあることも、恋をすることも、たった一人の人と出会う奇跡があることも。

佐々木、イン、マイマイン

細川岳という男に出会ったのは、映画「止められるか、俺たちを」の撮影現場だった。僕は荒井晴彦という作家を演じていて、細川は警察官の役。彼は、撮影現場でほとんど口をきかない無口で静かな人だった。後からわかった話だが、その時はもう「佐々木、イン、マイマイン」を執筆中だったそうだ。

それからしばらくして、若い俳優何人かが集まってインディーズ映画の特集上映の打ち合わせをする機会があった。その中に細川岳がいた。相変わらず無口でほとんど発言もしない。しかしなんとなく、その眼差しに何か含みというか迫力のようなものを感じた。帰り際、忘れもしない渋谷駅のホームで、彼は一冊の脚本と文字がびっしり書かれた企画書を僕に渡した。タイトルは「佐々木」だった。そのタイトルを見た瞬間に、心の中で出演を決めた。企画書のメッセージは、細川岳のものと、もう一人、共同脚本であり監督の内山拓也のものだった。どちらのメッセージも文字がびっしり、内容は詳しく覚えてないが、伝えたいメッセージは一つだった。

「この映画を今、撮らなければならない」

僕はすぐに脚本を読んだ。そのラストシーンに、胸を打たれた。

人が生まれて死ぬこと。その運命に逆らい、ねじ曲げることができるのが映画なんだと、その脚本は高らかに叫んでいた。人と出会い、別れる。その悲しみを感じて尚《なお》、受け止めず、誰かの死を知って尚、信じず、その別れを抱きしめて尚、別れない。その矛盾と真実のパラドックスと、一瞬の永遠を、全身全霊で描こうとする青き映画、それが「佐々木、イン、マイマイン」だ。

この映画は、佐々木ではなく、悠二という男の視点や想いで物語が進んでいく。悠二が、佐々木をどう受け止め、感じ、想い起こし、歩んでいくかが物語の主軸になっている。だから「佐々木」ではなく、「わが心の佐々木」なのだ。その悠二という役を、僕に演じてほしいと言うのだ。企画も含めると、内山と細川は六年かけてこの脚本を書いている。二人とも僕と親密な間柄ではなく、内山に至っては会ったことすらない。「なぜ、僕に?」そう思ったし、何より脚本を読んで、この主人公が僕に務まるのか不安だった。

内山拓也との初対面は、映画「ケンとカズ」でもお世話になったカトウシンスケの仲介で、下北沢の居酒屋だった。内山は特に切迫した雰囲気ではなかった。でも今ならわかる。内山はこの作品に人生を懸け、悩み抜いて脚本を書き上げ、その居酒屋に辿り着いていたのだ。それなのに、僕に「絶対出演してくれ」とも言わない。脚本の感想などを静かに聞いて、なごやかに酒を飲んでいる。何かを強く言われたり、伝えたりされるのかなと想像していた僕は意外に感じていた。何かが大きく展開することもなく、その食事は終わった。

後日、内山と細川が僕の出演する作品の試写会に来てくれて、その後みんなで打ち上げに行くことになった。僕らは隅の席にいて、僕は二人に、

「この作品を背負えるか不安です」

と正直に伝えた。何日か考えての言葉だった。すると内山拓也は表情を変えず即答した。

「季節が悠二だと思ってるから、全く何も心配していない」

そう伝えると内山と細川はお金を置いて、居酒屋を出ていってしまった。残された僕は「佐々木、イン、マイマイン」への出演を、心に決めていた。


僕が演じた悠二は、いわゆる〝売れない俳優〟である。僕が売れない俳優を演じる時、その演技を誰に届けたいかといえば、それはやっぱり、売れない俳優たちだ。僕がこの十年で深く関わってきた一人ひとりのこと、そして自分自身のことだ。僕がこの作品を背負う上で、自分を含めた売れない俳優たちの存在は、決して忘れるわけにはいかない大切なものだった。

撮影中は、内山拓也とはほとんど話していない。撮影が終われば、夜明けまで話す日もあったけれど、撮影が始まると二人とも話さなかった。あれほど殺気立っていた日々はない。後から映画を観返して思ったことだが、僕はずっと何かにキレていたと思う。何かに怒っていた。それがなんなのか、少し考えてみた。

この物語は、佐々木という一人の男を巡る物語だ。高校時代の親友だったが、今はほとんど疎遠になってしまった佐々木を、ふとしたきっかけで悠二が思い出していく。久しぶりに再会

した同級生に言われた一言、

「お前だんだんアイツに似てきたな」

悠二は地元の佐々木から離れて、東京で俳優を続けているうちに、知らず知らず佐々木を心に宿していたのだ。

ある夜、悠二のもとに佐々木から着信がある。出てみると、それは知らない女性の声だった。

「佐々木くんが亡くなりました」

悠二の中で、佐々木との日々の回想とともに、別れの旅が始まり、自身の俳優という夢や現実との闘いが始まる。

佐々木は、脚本も書いている細川岳が演じた。内山と細川が共同で執筆しているので、悠二という役には内山と細川の二人の魂が入っている。佐々木には実在のモデルがいるらしく、細川の実体験が原案になっている。

大げさな物言いだが、演じながら、ある程度は内山と細川の魂が僕に宿っていたと思う。それは苦しい作業でもあった。楽しくてどうしようもない瞬間もあったが、傷つけ合うような日もあった。とにかく緊張感のある毎日だったのだ。

僕と内山が共通して見つめていたのは、〝佐々木〟という存在だけであったと思う。佐々木をどう見つめ、佐々木の死をどう見つめるか。脚本の段階では、その解釈や個人が抱えるものは、内山と細川だけのものだった。しかし撮影に入り、日々が進んでいくごとに、佐々木に対する想いは、僕が演じる悠二のものとなっていった。脚本の中だけに留まらない、人間と人間との間にある言葉にできない何かが生まれていった。それは佐々木との間にも生まれていたし、佐々木の恋人との間にも、同級生との間にも、別れた恋人のユキとの間にも、一緒に暮らしたおばあちゃんとの間にも、俳優仲間との間にも、確かに生まれていった。日々が手触りとなって積み重なっていった。僕という人間と、内山拓也という人間は確かに違う人間で、二人が持つこの映画に対する想いも、佐々木の死に対する想いも、それぞれにある。だから自然と、撮影中の会話はなくなっていった。解釈をすり合わせることも、佐々木について語らうこともなくなって、物語だけがまるで雪みたいに積もっていった。僕らに共通しているのは、佐々木を見つめていることだけだった。

決定的な日があった。佐々木の亡骸に会うために、佐々木の部屋に悠二が入るシーンの撮影だ。その日の撮影現場の空気がいつもと違うことに僕はすぐ気がついた。スタッフの対応も変だった。現場の離れたところに椅子が置かれ、そこで動かず待つように指示された。僕はそこで理解した。佐々木と僕を会わせないようにしている。佐々木の亡骸に対面した悠二の生《なま》の表情を撮るために、その瞬間まで二人が会うことのないようにしているのだ。僕はそれに気づいた時、猛烈に殺気立った。

「佐々木の死は、僕だけのものだ」

そう思っていた。監督の存在も、カメラの存在もなく、佐々木の部屋にいるのは自分だけで、この死を今そばで感じているのは自分だけだと強く信じた。佐々木の煙草に火をつけたのも、名前を呼びかけたのも、その時に勝手に生まれたものだ。内山は、そのテイクに一発でOKを出した。この時から、内山の「その瞬間を撮る」という役割と、僕の「その瞬間を生きる」という役割が明確になり、僕らは違う方向から一つの場所に向かっていることがわかった。二人は同じリングに上がりながら、見えない一人の敵と戦っているような、そんな緊張の毎日だった。

僕が打ち倒さなければならなかったもの、それは自分の情けなさでもあったと思う。悠二を演じることは、自分と向き合うことでもあったのだ。脚本を逸脱した表現をすることも、自分と向き合いすぎる表現をすることも、二十代の青い僕たちでしかできなかったことだ。

観客の感想にたまに見受けられた言葉「主人公のナルシシズム」。僕はこの言葉はその通りだなと思う。悠二は自分のことしか見えていない。あの時ああしていれば、そう過去を振り返りはするけれど、現実に今目の前にあるものを大切にすることからは逃げている。卑屈になり、自分を過小評価し、誰かの優しさを素直に受け取れないまま、「負けたくない」という気持ちのみで日々をなんとか生きている。

「佐々木、イン、マイマイン」の石井悠二は、情けなかった。もう別れてしまった元恋人と同棲生活が続いていて、離れればなれになる覚悟もできておらず、俳優という夢に対しても自分がどうしたいのかわからないままだし、佐々木の死を受け入れることもできないし、夜明け前の真っ暗闇の中にいるみたいな男だ。そしてそれは僕も同じだ。全く同じだ。この十年の中で、何度も悠二と同じ気持ちを味わった。情けなかった。そして今も、夜明けが来ているのかはわからない。いつか誰かの手元にこの本が届いて、誰かの勇気になればいい。

　この映画は、ほとんどすべてのキャストがオーディションによって決められた。そしてこの映画のエキストラに来てくれたのは、オーディションに落ちた俳優たちだった。正確には一人ひとりに役名がついているからエキストラではないのだが、俳優にとって、エキストラはエキストラだ。たとえ台詞がなくても、そこに来てスクリーンに魂を宿してくれた俳優たちには特別な想いがある。みんなが誇りを持って互いを讃え合えるような作品にしなければ。その責任を感じていたし、今も感じている。だけど現実はそんなに甘くない。

　映画が完成し、公開も迫った時、ある問題が起きた。ある一人の登場人物の出演が全カットになったのだ。僕はその話を聞いた時、激怒した。出演シーンが全カットになるのは、大きな商業映画ではよくある話だ。僕も何度か経験がある。尺の都合、テンポやバランス、理由は様々だが、カットされた俳優は試写会で屈辱を味わうことになり、泣き寝入りをするしかないのだ。

　しかしこの映画は「佐々木、イン、マイマイン」なのだ。主人公は悠二。売れないながらもこの世界にしがみついて、バイトをしながらコンビニ弁当を食べて生活し、負けたくないという一心でボクシングジムに通う青年なのだ。それは僕のことであり、この映画に出演するために集まってくれた一人ひとりの俳優たちそのものだ。細川岳の実体験から始まり、やっと光を浴びるこの映画において、敗者を生み出すことは許されない。正しい正しくないは今もわからないけど、二十七歳の僕は止まることができなかった。

細川に電話をかけると、彼は僕が怒っていることに驚いて、すぐに会いに来た。夜、国道二四六号線沿いの長い階段に腰掛け、僕らは話し合った。細川は初め、内山をかばい、製作や編集をかばっていたが、僕の言葉を聞くと黙り込んで何かを考えていた。やがて彼は、自分が間違っていたと告白した。細川は、脚本と出演もしながら編集にも立ち会うなど、この映画ができ上がっていくすべての過程を見ていた。その中で映画全体のことを考え、僕が伝えたような俳優のちっぽけな視点のことを、見落としていたのかもしれない。

「内山に伝えよう」

僕らはタクシーに乗り込んで、内山の家に向かった。結果としてこの日ほど、内山を傷つけてしまった日はない。僕らは互いに正義をぶつけ合い、口論をした。内山は様々な事情もあり、もう編集を変えることはできないし、映画全体を見て自分は正しいと思って編集したし、スタッフのためにもそれを間違ったと認めるわけにはいかないと主張した。

「俺の中の悠二が黙ってないんだよ」

僕のその一言で内山が黙り込んだ。そしてそれから涙を流した。その涙に、僕と細川は言葉を失い、沈黙した。やがて内山は嗚咽しながらも、自分のこの映画に対する想いと、僕たちに対する想い、編集を完成させることがいかに大変で、それを直すことがどれだけ不可能なことかを僕らに伝えた。自分に力があれば、二人の意見を聞いて作り直すことだってできるかもしれない、でも今自分にそれだけの力がないんだと言った。僕はもうそれ以上何も言えなかった。

その登場人物の存在は闇に消えた。

その人物がたしかにあの場所にいたことを、ここに刻みたい。僕の中で「佐々木、イン、マイマイン」がずっと終わっていない感覚がある。公開から数年が経つが、この映画を忘れたことはない。あの日、佐々木の葬式に向かうために道路を走った弱い自分が、元恋人のユキと離ればなれになる時涙を流した自分が、細川岳と演技をして深い対話をした自分が、まだ終わっていない。そして闇の中に消えたその人物の存在を証明することも、僕に残された一つの役割だ。


悠二が、二十八歳の誕生日をコンビニで迎えたシーンがある。店内にはレジ打ちをする店員と悠二の二人だけだが、実はそのバックヤードにはもう一人の青年がいた。その青年はこの映画の中で唯一、物語の本筋にも主人公たちにも関わらない。イライラしながらバックヤードで仮眠をとり、コンビニで働く姿だけが映される。その姿は、悠二や佐々木と関わりのないところでも生活を送る人があり、物語のないところにも人生があるんだという予感をこの映画に与える。はずだった。しかし、結果として光の当たらないところには光が当たらなかった。それは苦しい現実だ。

その青年は岡野という名前。演じた俳優は中山求一郎。僕の友人でもあるが、彼はオーディションでその役をつかんだ。今はエンドロールにしか名前がない。

「僕は負けたんだと思う」

彼はそう言った。僕がこの映画に出演して、自覚しなければならなかったことがある。それは、世界には勝ちと負けがあるということだ。

「負けたくない。勝ちたい」

それは細川岳の口癖だった。彼は誰よりも、世界には勝ち負けがあることを知っている人だった。すべての俳優が良いところへ行けばいいと、そんな甘いことを僕が考えていたのは事実だ。いや今も考えているかもしれない。誰にでも才能があるはずだし、誰にでも物語があるはずだ。自らを敗者だと認めなければならない瞬間があるのはたしかで、それは悔しい悔しい悔しいことだ。しかし僕はその悔しさを受け入れるつもりはない。自らを負かした大きなものを許すつもりはないし、だからこそ闘う。過ぎた時間を過去にはせず、忘却することなく進んでいく。二宮金次郎みたいに全部背負って歩き続ける。全っ然重くない。

この映画に勝者がいたのかはわからない。僕らはみんな傷ついたし、互いの悔しさを打ち明け合って、泣いたんだ。すべて僕が見てきた。

この闘いにたくさんの涙が流れ、確かに敗者が生まれ、それを踏み越えて一本の映画が完成したことを、僕がここに証明する。僕が俳優を続ける限り、何度もこの場所へ立ち返り、その傷痕は癒えることなく、だからこそ証明は続いていき、闘いは終わらず、僕は歩いていく。


あの闘いから約三年の時が経ち、先日久しぶりに内山拓也と乾杯した。あの日々の緊張がようやく解けたように僕らは笑い、そしてまた一緒に映画を作る約束をした。僕らは違う場所にいるけれど、また再び一つのものを見つめている。

コロナ

二〇二〇年、世界にコロナウイルスが蔓延した。緊急事態宣言が発令され、自宅待機を命じられ、それから三年マスクの着用が続いた。演劇の上演や、映画の公開は次々に中止になった。物語を届けられる場所が奪われると、俳優には仕事がなくなる。当時の僕は仕事がなくなると、自分の存在意義を見出せなくなり、落ち込んだ。

ニュースをつけると著名人が亡くなっていた。大好きな志村けんさんのニュースを見たあたりから、人の死を悼む気持ちが追いつかなくなった。

自宅で何か表現できることはないかと、あらゆることを試した。リモートで演技をしたり、朗読、YouTubeなど、色々な配信を通して世界と繋がろうとした。静かに休んでいることがどうしてもできなかった。どうしても、できなかった。あの時の感情をどう表現したら良いのだろう。配信の画面の中には似たような想いを抱える俳優たちがたくさんいた。

最初の緊急事態宣言が明けてすぐ、寝袋を持って旅に出た。何故だか居ても立ってもいられなかった。数万円だけ握りしめて、夜行バスで京都へ向かった。それから京都を出発して、東京へ向かって二週間近く歩き続けた。奈良県では、どうしても座ってゆっくりしたくて図書館へ向かったが、コロナの影響で入館ができず、悔しい想いをした。子どもの頃から図書館はいつでも誰でも座れるオアシスだと思っていたから、その価値観が覆されたのはショックだった。三重県では、鈴鹿の山を雨の中歩き続けた。雨の中の方が疲れないんだと知った。歩いて体温が上がり続けるけど、それが雨で冷却される。身体はびしょびしょになるけど、大声で歌を歌っても雨にかき消されるし、気持ちが良かった。無限を感じた。どこまでも歩いていけそうな気がした。疲れると、服を干して寝袋を敷いて眠った。蚊に身体中を噛まれたけど、朝焼けの空の中で目が覚めて、雲の形を確かめながら歩き始めるのが気持ち良かった。夕陽が美しいと自然と涙が出た。

その次の年も、演劇や映画の苦境は続いた。僕も映画「くれなずめ」の上映が延期になったり、「サンソン―ルイ16世の首を刎ねた男―」という大舞台がほぼ中止になったりした。サンソンの時は、本番後の楽屋にアナウンスが流れた。

「出演者、スタッフの皆さんは客席に集合してください」

楽屋にいた出演者、全員の顔が青ざめた。稽古をここまでやってきて、やっと幕が開いてすぐのことだった。演出家の白井晃さんは「納得がいかない」と要請に対して怒りをあらわにしたが、最後には全員に感謝の気持ちを述べて、涙を流した。その涙を見て、僕らはなかなか立ち上がることができなかった。

その日あたりから、味覚がなくなった。コロナに感染したかと思ったが、そうではないらしく原因がわからなかった。僕の無感情で無味な日々がしばらく続いた。何をしていてもつまらなかった。物語ってなんだろう。劇場ってなんだろう。あれだけ大切にしてきたものなのに、僕らはそれに傷付けられているじゃないか。辞めたいなあ。そんなことを考えたりもした。劇場を愛していたけど、同時に憎みもした。SNSを開くと、映画人たちが連帯してミニシアターを助ける活動をしていたけど、心が追いつかず、素直に参加することができなかった。知り合いの俳優が何人も辞めていった。

外出制限が終わり、仕事が再開した。芸能雑誌を開いてみると、俳優たちのインタビューがあって、自宅待機に関する質問に「ゆっくり休めて良い時間だった」と書かれていた。僕はそこで、あの時すべての俳優が苦しんでいたわけじゃないんだということを知った。それとも苦しい時間をずっと過ごしていたからこそ、その時間を「良い時間」に変えたのかもしれない。いずれにせよ僕は複雑だった。良い時間になんて変えようがなかった。この雑誌のページの中にいる人らと僕との間にあるものは一体なんだろう。何故あれほど、もがき苦しまなければいけなかったのだろう。映画や演劇を愛したり憎んだりしなければいけなかったのだろう。コロナは、二十七歳の僕の価値観を激しく揺さぶっていた。

あこがれ

二十二歳の時、彩の国さいたま芸術劇場で蜷川幸雄演出の「ハムレット」を観た。なけなしのお金をかき集めて、一万円。どうしてあんなに観たいと思ったのかわからない。無心で彩の国に吸い寄せられた。その時の衝撃が忘れられない。演劇にあこがれた。

お金がなかったので、演劇は全然観られなかった。なのでさいたま芸術劇場の資料室に通って、映像で演劇を観ていた。僕がアンサンブルをやった「青い瞳」という舞台で、竪山隼太という俳優と知り合った。竪山さんは蜷川さんが作った演劇劇団「さいたまネクスト・シアター」にいた。その縁もあってネクスト・シアターと、さいたまゴールド・シアターの合同公演「リチャード二世」を観にいった。車椅子に乗った和装の老人たちとタキシードの若者がいきなりタンゴを踊り始め、囲み舞台の中で殺し合いが始まり、暗転すると舞台が海に変わった。王冠が空を飛び、リチャード二世には神が降臨したかのようだった。その当時、何故か居酒屋で知り合った俳優の仲野太賀を誘って、二人で彩の国に向かった。一幕終わりの休憩で、トイレに並んだ僕らは「あの王様、ほんとに死ぬんじゃねえの」と話して笑った。王様を演じていた俳優が、本当に死んでしまうのではないかと思ったからだ。それほどまでに、その演技は壮絶を極めていた。白目を剥いて、天を仰いだ俳優の身体中から体液が溢れ出しているのが目視できた。その俳優の名を、内田健司という。

蜷川幸雄氏が亡くなった。シアターコクーンにも、彩の国さいたま芸術劇場にも、ほとんど演劇を観にいかなくなった。さいたま芸術劇場の資料室にだけは何度も通った。劇場は、いつも寂しそうに見えた。劇場のガレリアを見つめながら、蜷川さんに語りかけた。寂しいなあ。

そのうち、世界にコロナが蔓延した。演劇に真摯に打ち込む俳優たちは、なす術もなく自宅待機を命じられた。それでも黙らない俳優たちがいた。それが、ネクスト・シアターだった。

何人かの有志が集まり「第7世代実験室」というチームを立ち上げた。通称、ダイナナ。テーマは「play the moment」。今この瞬間を演じること。それは、演劇と世界を繋げた作品を作り続けた蜷川幸雄氏の教えだった。ダイナナは、リモートでシェイクスピアを上演した。主演は内田健司だった。内田さんは、さいたま芸術劇場の資料室に通う俳優の噂を聞きつけた。それが僕だった。僕はリモートのシェイクスピアに参加した。その画面の中には、何十人もの俳優がいた。ネクスト・シアターで蜷川氏の教えを受けたのは数人。あとはみんな、僕と同じく蜷川氏の演出を受けたくても受けられなかった俳優たちだった。その俳優たちは猛々しかった。まるで蜷川氏の血脈が流れ出しているようだった。まだ終わってない。そう思った。

そのうち、外出許可が出た。僕は内田さんに誘われ、新宿の喫茶店に行った。あの時、王様を演じていた人と出会った。僕が客席で見つめていた人だ。僕らは一緒に演劇を作ることを約束した。

そしてすぐにスケジュールが組まれ、僕らは彩の国さいたま芸術劇場のNINAGAWA STUDIOに集まった。僕はあの空間に、足を踏み入れた。ここに、蜷川幸雄がいたんだ。すげえや。

マスクとフェイスシールドを着用した僕らは、ワンカットで演劇を配信することを決めた。そしてその裏側もメイキングドキュメンタリーとしてYouTubeで配信することにした。コロナ禍に喘《あえ》ぐ俳優たちの素顔を届けようという企画だった。戯曲のタイトルは、

「たかが世界の終わり」

フランスの戯曲。余命を宣告された主人公のルイが、十二年ぶりに家族のもとへ帰ってくる。余命わずかなことを伝えようとするも、家族とのすれ違いや理解の溝を埋めることができず、伝えられずにいる。その対話の果てに、生と死と、希望と絶望と、天と地のその間を、ルイはたった一人歩んでいく。その主人公を僕が演じることになった。その兄を内田健司、兄の妻を周本絵梨香、妹を佐藤蛍《けい》、母を銀粉蝶が演じることになった。家族の物語だ、演出は内田健司さんが務めた。

「これが理解されなかったら、俺はますます世界から孤立しちゃうよ」

内田さんは、そう言った。

NINAGAWA STUDIOに通う毎日が始まった。僕以外のみんなは、蜷川氏の演出を受けた俳

優たちだった。みんなとの対話は、言葉を交わしたことのない蜷川氏との対話でもあった。その空間には、何かがあった。空間のぎゅっと煮詰まったような、創作の熱。それは僕に必要なすべてだった。コロナで絶望していた心の継ぎ目に、その熱が流れ込んだ。深く呼吸ができるようだった。深く呼吸をすると、涙が出そうになった。あの人はもうこの世にいないのに、確かに僕は同じ空気を吸っている。不思議に繋がった縁によってこの場所に導かれて、内田さんたちと演劇を作っている。出会えなくても、出会えるじゃないか。奇跡だ。

そのワンカットの本番当日、台風が来た。

「蜷川さんだ」

内田さんはそう言って、劇場の外まで出ていくはずの演出をやめ、NINAGAWA STUDIO室内で、すべての演技を完結させる演出に切り替えた。

100分間の演劇が上演され、配信された。

「たかが世界の終わり」を見返すと、演技の拙《つたな》さに恥ずかしくなることもあるけど、その時の精一杯を演じていたんだなと思う。ワンカットでしか映らない、その時の僕の弱さや、喘ぎも、すべてがそこにある。コロナ禍に暗闇を抜け出そうともがく俳優たちと、その晴れやかな笑顔。忘れない。劇場を奪われて、もがき苦しんで、それでも演じることをやめなかった俳優たちがいたことを、忘れない。世界で起きていることを無視せず、その風を、自分たちの身体で受け止め、その苦しみや喜びを誰かと分かち合おうとする。そんな俳優たちに出会えたことを、誇りに思う。僕らはこうして、生き延びたんだ。

いつか僕たちの演技が、天のあこがれに届く日まで、僕らは演じることをやめない。世界はここだ。

〔あすこの田はねえ〕

宮沢賢治

あすこの田はねえ
あの種類では窒素があんまり多過ぎるから
もうきっぱりと灌水《みづ》を切ってね
三番除草はしないんだ
……一しんに畔《あぜ》を走って来て
　青田のなかに汗拭くその子……
燐酸がまだ残ってゐない？
みんな使った？
それではもしもこの天候が
これから五日続いたら
あの枝垂れ葉をねえ
斯ういふ風な枝垂れ葉をねえ
むしってとってしまふんだ

……せはしくうなづき汗拭くその子
冬講習に来たときは
一年はたらいたあととは云へ
まだかゞやかな苹果のわらひをもってゐた
いまはもう日と汗に焼け
幾夜の不眠にやつれてゐる……
それからいゝかい
今月末にあの稲が
君の胸より延びたらねえ
ちゃうどシャッツの上のぼたんを定規にしてねえ
葉尖を刈ってしまふんだ
……汗だけでない
　泪も拭いてゐるんだな……

君が自分でかんがへた
あの田もすっかり見て来たよ
陸羽一三二号のはうね
あれはずいぶん上手に行った
肥えも少しもむらがないし
いかにも強く育ってゐる
硫安だってきみが自分で播いたらう
みんながいろいろ云ふだらうが
あっちは少しも心配ない
反当三石二斗なら
もうきまったと云っていゝ
しっかりやるんだよ
これからの本当の勉強はねえ
テニスをしながら商売の先生から
義理で教はることでないんだ

きみのやうにさ
吹雪やわづかの仕事のひまで
泣きながら
からだに刻んで行く勉強が
まもなくぐんぐん強い芽を噴いて
どこまでのびるかわからない
それがこれからのあたらしい学問のはじまりなんだ
ではさやうなら
　……雲からも風からも
　　透明な力が
　　そのこどもに
　　うつれ……

（「春と修羅 第三集」より）

迷子の映画

【のさり】
熊本天草地方に伝わる方言
良いこともそうでないことも天からの授かり物という意味がある

オレオレ詐欺をしながら日本列島を南下し続け、天草という島に辿り着く青年の物語。青年はオレオレ詐欺によって一人のおばあちゃんと出会うが、そのおばあちゃんは青年を「将ちゃん」と呼び、家に招き入れる。やがて二人の、不思議な共同生活が始まっていく物語。

映画「のさりの島」の撮影が行われたのは、僕が二十五歳の時。まだコロナ禍になる前だ。「止められるか、俺たちを」のプロデューサーである大日方教史《おびなたたかひと》さんの紹介で、監督の山本起《たつ》也《や》さんと面談し、すぐ出演が決まった。面談で初めて会った山本監督は、僕を一目見た時から、まるで迷いなく僕の出演を決めていたかのようだった。山本監督がこの映画を作ると決めた時から、彼の中にはもうのさりの風が吹いていたのかもしれない。たまたま風に乗って現れたのが、僕だったのだ。

この映画の製作は北白川派といって、京都芸術大学の学生たちが、プロのスタッフやキャストと一緒に映画を作るという大学の企画だった。なのでこの映画を通して、僕は多くの学生たちに出会うこととなった。

この映画の撮影では、天草という島に滞在した。僕はこの天草という島が大好きになった。熊本空港から飛行機、または車で島を目指す。島に近づくと、海に浮かぶ小さな岩の数々に、雲間から日の光が差し込んでいる。その光景に、何故だか神がかったものを感じる。ああ天草に来たな、そう思う。崎津の教会、イルカの群れ、シャッターの降りた銀天街、居酒屋、スナック、映画館。この島の空気には、日本のどこにもない密度がある。懐かしさ、古い香り、原風景、そのすべてがこの島にある。そこで暮らす人々は温かく、献身的な愛を持っている。

この映画の主人公には、名前がない。従っておばあちゃんが呼ぶ「将ちゃん」という名前だけが、彼がこの島で持つ唯一のアイデンティティだ。しかし、それも虚構である。嘘で固められた彼の存在には実体がない。どれだけおばあちゃんに受け入れられようと、そこは本当には帰る場所じゃない。この映画に出演した柄本明さんは、この映画を「迷子の映画」と呼んだ。僕はその話を聞いて、しっくりきた。そして何故自分がこの映画に選ばれたのか、その理由もわかったような気がした。僕もまたこの映画の青年のように、帰る場所を探していたのだ。撮影にはなるべく空腹の状態で参加していた。何故かはわからない。艶子おばあちゃんの作る玉子焼きが、死ぬほど美味しかった。

二〇二〇年の一月十九日。艶子おばあちゃんを演じた原知佐子さんが、天に召された。その年に映画が公開されるはずだったけれど、コロナによって延期になった。原さんは完成した映画を観ることができなかった。

映画が公開されるまで「のさりの島」のことをずっと考えていた。

「のさり」

その言葉の意味するものをずっと考えていた。生活の中で考えずにはいられなかった。すべては、天からの授かり物。

かつて熊本の水俣で、工場の水銀が海に流れ出し、その海の魚を食べることで水俣病にかかってしまうという事件があった。水俣病患者であった杉本栄子さんという人は晩年、この水俣病を「のさり」、天からの授かり物だと言った。水俣病によって受けた苦しみは、到底はかり知れない。それでもこの災禍をのさりだと言った境地は、どんなものなんだろう。

昔、勉強机に色んな言葉を落書きしていたことがある。その言葉の中に、ガンジーの言葉があった。

「許すということは、強さの証だ」

僕は、許しについて、昔から考えていた。この数年は、三浦綾子さんという作家の本が一番の愛読書で、その本を読みながら、許しについて考えている。のさりという言葉には、深いところで許しに繋がる何かを感じる。正しさや損得ではなく、もっと深いところで出来事を許容する、許しの心。

そう考えると、僕らがコロナ禍を経験したことも、のさりと言えるかもしれない。誰かが亡くなることも、病気にかかることも、天気が晴れたことも、雨が降ることも、寝坊をしたことも、人と出会うことも、この仕事をしていることも、自分の居場所がわからないことも、詐欺師の青年を受け入れることも、すべてはのさりと言えるかもしれない。

「のさりの島」が伝えたいことを言葉にするのは難しい。映画が完成した後も、この映画のことを考えている。それはコロナ禍によって、僕にもたらされた時間でもある。プロデューサーの小山薫堂さんは「コロナがなければこの映画が彼（藤原季節）にとってこれほど大切になることはなかった」とインタビューで語っていたが、その通りだと感じる。

この映画は、配信サービスでは観ることができない。山本起也監督は、全国の映画館やカフェにこの映画を持っていき、上映の活動を続けている。そして「のさりの島」を好きになってくれたお客さんまでもが、上映の活動に参加し、グッズを作ったり仲間の輪を広げたりしている。スクリーンからは、天草の海の音が聞こえ、のさりの風が吹いてくる。潮の香りまで感じることもある。隙間のあいた心に染み入る映画だ。

先日の札幌上映に、僕もこっそり参加した。カフェでの上映は満席だった。帰りは山本監督が歩いて駅まで送ってくれた。

「なんでも天からの授かり物だとは、言えないかもしれない」

山本監督はそう迷いを打ち明けた。この人もまた、この言葉について考え続けているんだと思った。全国を回りながら、何度も何度もこの映画について考え続けてきたんだ。幼い頃から虚無感に悩まされていたという山本監督もまた、帰る場所を探し続ける迷子なのかもしれない。取り壊される祖母の家を撮影し続けた「ツヒノスミカ」というドキュメンタリー映画にも、天草に通じる何かがある。捨てられないもの。誰かの想いが残ったもの。目に見えないもの。その匂い、香り、最後の場所。山本監督は言う。

「たとえば大切な人を亡くした時、これはのさりだと思えるだろうか。いつか振り返った時に、あれはのさりだったのかもしれないなと、ふと思えるくらいでいいんじゃないか」

僕らの「のさりの島」との旅はまだ続く。いつかどこかでこの映画と出会う時、天草の暖かな海風があなたのもとに届きますように。

海の男　その一

北海道の石狩地方に、浜益《はまます》という村がある。日本海に面したこの村には、祖父が住んでいる家がある。祖父は二十五歳の時に、この浜益の港にある、灯台の管理人になった。沖に出た船は、雨の日や夜に、この灯台の光を頼りに港へ帰ってくる。だから灯台の電球が切れたら、台風の中でも電球を替えるために、灯台に上ったらしい。祖父はそれから六十一年間、無償で灯台の管理を続けた。そしてついにその功績が国の目に留まり、祖父は総理大臣から表彰され、勲章のメダルと賞状を授与された。

幼い頃から、僕はこの祖父が大好きで、夏休みになると必ず祖父の家へ泊まりにいった。僕はこの海沿いにある浜益という村で、遊び呆《ほう》けた。祖父の倉庫にある大量の釣り竿を勝手に持ち出して、練った小麦粉を餌にして、海で魚を釣った。釣った魚は逃がしたり、大きなカモメにぶん投げて食べさせたりした。石の裏についているタニシを砕いて、小さな手製の釣り竿につけて岩の間に垂らすと、岩の隙間から小さな蟹が出てくる。蟹がタニシに食いついたところで、拾い上げる。バケツは蟹でいっぱいだ。海辺にある図書館は、僕のオアシスだった。いつ行っても貸切状態で、漫画も充実していた。「ドラゴンボール」「あしたのジョー」「ドカベン」なんかを読んでいたと思う。

祖父は船を持っていたので、僕は祖父が漁師だと思っていたが、どうやら祖父は海運会社に勤めていたらしい。浜益村では偉い人で、神社の管理なんかも任されていたから、村で祖父を知らない人はいなかった。浜益のために頑張ってきた、と言っていたことがある。家の玄関には、時々おっきい魚が届けられるので、祖母がそれを捌いて、ご飯にのせて好きなだけ食べた。ソイという魚だった。「おかわり」と叫ぶと祖母が笑って、茶碗にご飯をよそってくれた。

一度だけ、船で沖に連れていってもらったが、幼い僕は沖が怖くて号泣したので、引き返した。祖父がハンドルを離して煙草を吸っていたので「死ぬ」といって泣き叫んだ。祖父は笑っていた。

母が幼い頃は、祖父はずいぶん厳格な父親だったらしい。なんせ家の玄関を開けたら海、という具合だったから「悪いことをすると海に捨てられる」と思うと、逆らえなかったらしい。でも、僕が怒られたことは一度もない。手も、お腹も、耳たぶも、大きな祖父だった。力自慢で、祖父に足で挟まれると脱出できなかった。祖父は寝転んで「笑点」を見ているだけなのに、僕と姉は祖父の足の間で、脱出しようと大盛り上がりだった。

夜になると、僕と祖父の二人だけの時間が始まる。祖父は二十時にはベッドに入るのだが、僕はその隣に潜り込んで、童話を読んでもらう。「イソップ童話」「アンデルセン童話」などなど。祖父の読み語りの迫力はとてつもないもので、特にライオンの鳴き声なんかは腹の底から響いてくるようで震え上がったし、小さなネズミを読ませても、情感があって切なくて、とにかく面白かった。祖父が眠くなるまで、何度も、何度も物語を読んでもらった。この読み聞かせ体験は、今考えると僕の俳優としての原点でもあるのかもしれない。

僕が上京して少し経った頃、祖母が癌で亡くなった。亡くなる前、病室にお見舞いに行った時、祖母は「もう少し頑張ってみるわ」と言って泣いた。ぎゅっと目をつぶって、口を開けて、もう溢れる涙も残っていないのに、泣いていた。祖母は、祖父に見守られて天国に行った。ずっと二人きりで暮らしていた浜益の家には、祖父が一人きりになった。

料理上手で、家事をしてくれる祖母がいなくなると、祖父の負担を考えて、親戚たちが浜益へ泊まりにいくことも無くなっていった。札幌から車で三時間、幾度も山を越えて浜益を訪ねることはあっても、少し祖父の顔を見たら帰るという具合になっていった。僕はそのことを寂しく感じていた。少しでも俳優として早く出世して、祖父を喜ばせてあげたかったが、それはそう簡単なことではなかった。祖父は、庭でトマトの苗を育て始めた。高齢のため、もう船に乗ることはできなくなっていた。

「海が好きでどもなんない」

周囲の人は、祖父のことを「海の男」と呼んだ。海が好きでどうにもならない人だった。毎朝、日が昇るか昇らないかの時刻に海へ出て、黒焦げに日焼けして帰ってくる人。朝食を食べて白湯を飲み、昼ご飯はパンとミルク、甘いものが大好きだ。子どもの頃の戦争体験から、甘いものやパンやミルクの感動がずっと無くならないのだ。

「苦労は買ってでもしなさい」

俳優を目指す僕にくれた祖父の言葉だ。祖父は、僕が小さな頃から「お前はじいちゃんによく似ている」と言って喜んでいた。僕が一生懸命本を読んでいると「やっぱりじいちゃんに似て頭がいい」と喜んだ。僕はよく、祖父の家にある大きな仏壇の前で、祖父がお経を唱えるのを後ろから見ていた。その大きな背中。あの背中と、僕の背中は似ているなと思うことがある。自分の出演している映画を見ると、たまに自分の背中を見ることがある（「佐々木、イン、マイマイン」のオープニングとか）。僕はその背中を見て、祖父を思い出すのだ。だから自分の背中を、誇らしく感じる。

僕が上京して十年の間に、祖母が亡くなり、祖父はどんどん老いていった。高齢なので当たり前のことだけど、耳が遠くなったり、記憶が遠のいていったり、痩せていったり、そんな人間の当たり前が、僕には寂しかった。

祖父が入院したのは最近だった。車に乗って畑に突っ込んだり、雪道で転んだりすることが増えていたのだが、心配していた矢先、体調を崩し、札幌の病院に入院することになった。突然の入院なので、浜益の家はそのままの状態で、祖父の身体だけが札幌へ運ばれた。

僕が札幌へ帰り、お見舞いに行った時、コロナの影響で面会は月に二回、人数は二人まで、時間は十五分しか与えられなかった。アクリル板越しに、僕と母が祖父を待っていた。廊下の向こうから、祖父と付き添いの看護師が歩いてきた。祖父は痩せ細っていたけど、その広い肩幅がたくましく、海の男のオーラは健在だと思った。母は、アクリル板とフェイスガード越しに祖父に話しかけるが、当然その声は、祖父の耳には届かない。母は仕方なく、アクリル板を越えて祖父の隣へ行き、祖父の耳に向かって話しかける。その声はほとんど叫び声に近く、病院の面会室いっぱいに響き渡る。

「お父さん。けんじ来たよ。藤原季節だよ。お父さん知ってるでしょ」

祖父はうなずき、やがて声を出した。

「立派なもんだ」

僕は気恥ずかしさで、微笑むだけで何も言えない。母は、周囲のことなど気にせず、顔を真っ赤にして叫ぶ。

「お父さんの浜益の家ね、お兄ちゃんが見てるから大丈夫だから。冬場の水道管のこともなんとかしておくから。お父さんお金必要?」

祖父は、お金が必要だと言った。病室でテレビを見るのに、一日千円かかるのだという。でも銀行からお金をおろすのも、もう自分一人じゃできない。そういえば「his」や「プリズム」の監修の南和行さんが入院していた時の話を、僕はその時思い出した。入院患者が朝ドラを見るために、朝八時になると病院が静かになり、病室からは一斉にオープニングの音楽が鳴り響くという。僕の祖父も、高いお金を払って、毎日テレビを楽しんでいるんだ。

病院に響き渡る声で、顔を真っ赤にして話す母を見ていて、僕は恥ずかしかった。そんなに矢継ぎ早に喋ったら祖父も話せないし、僕も話す時間がなくなるじゃないかとイライラした。でも後からその姿を思い出すと、周囲の目を気にせず一生懸命、大切な人に何かを伝えようとする母は立派だと思う。今の僕には真似できないことだし、いつかは僕がやらなければいけないことなんだと思う。

十五分の面会時間が終わる頃、祖父は自分から立ち上がった。そして最後に僕を一瞥《いちべつ》すると、

「　　」

と言った。この言葉がどうしても思い出せない。祖父は、微笑んでいた。その祖父の目の中に、まだ若々しく元気だった頃の、海の男の目を、僕は見た。ほんの一瞬、僕らの間ではっきり意思が通い合っていた。

「じいちゃんもね」

僕がそう言ったことは、覚えている。まだまだ負けないぞ、とお互いに言っているような気がした。なんだ、じいちゃん元気じゃん。僕は直感でそう思った。こんな言い方が適切かはわからないが、それは母にはわからないもののような気がした。男と男の約束だ。

僕が、十二歳くらいの頃だった。祖父の倉庫にあるボロボロのマウンテンバイクを持ち出して、海と山の境目の、どこまでも続く道路を、僕は走り続けていた。どこまでも行ける気がした。祖母や母は、そんな僕を心配して、あまり遠くに行くなと言った。けれど祖父だけは違った。


「可愛い子には旅をさせよ」

そう言ったのだ。だから僕は旅に出たんだ。

海の男　その二

「空白」という映画のオファーがあった時、夢が叶ったと思った。漁師の役だったからだ。海の男を演じる時が、来たのだ。

衣装を合わせる段階で、日焼けサロンに行って肌を焼くほどの気合いの入りようだった。祖父の大きなお腹を再現するために、たくさんご飯を食べた。お腹はたいして大きくならなかったけど、ご飯をモリモリ食べるのは役柄のイメージに合う気がした。野木龍馬。その名前を気に入った。

そんなに気合いが入っていたのに、海の撮影では酔い止めの薬を飲みすぎて、ほとんど眠っていた。古田新太さんの背中を、ぼんやり覚えているくらいだ。撮影が終わると、古田新太さんとお酒を飲んだ。吉田恵輔監督は撮影をするのが早いので、日が暮れる前に撮影が終わることが多く、古田新太さんとたくさんご飯を食べて、スタッフさんとも色んなことを話したけど、笑って笑ってそれで終わりだ。みんなの話を聞いて、笑わせて、いつの間にか颯爽と帰っていく古田新太さんを、格好良い人だと思った。

休日は、先輩の篠原篤さんと公園に行って、ボクシングを教えてもらったりした。青空の下でミットを叩くのは気持ちが良かった。僕は今、役作りでボクシングに励んでいるが、たまに篤さんとミット打ちした日のことを思い出す。今の僕を見たら篤さん驚くかな、そんなことを考えながら。

悲しい物語なのに、撮影は楽しかったな。完成した映画を観た時は、すごく泣いた。一人の人間の死を悼む時間が、この頃すごく欠けている気がした。たった一人の女子中学生の交通事故は、ニュースに紛れて流れていくだろう。でもその周りでどれだけの人の涙が流れ、憎しみが生まれているんだろう。そんなことを痛感させられた。映画を通して、誰かと一緒に一人の女の子の死を考え続けた時間は、忘れられない体験になった。

この映画の野木龍馬のことを、観客は「救い」だと言った。脚本を読んだ時も、撮影をしている時も、そんなつもりはなかった。おそらく監督にもそんなつもりはなかったんじゃないかなと思う。でも、吉田恵輔監督は底知れない人だから、わからない。

僕はただ、海の男を演じられて嬉しかった。古田新太さんが演じた充さんの背中を、祖父の背中と重ね合わせて「じいちゃんこんな景色見てたのかなあ」と海を眺めて、船に揺られて眠っていただけだ。

無名の人間

「明日の食卓」という映画では、高畑充希さん演じる加奈の弟、正樹を演じた。定職につかずフラフラして、姉にお金を借りにくる弟。瀬々敬久監督の映画に出るなら、風呂に入っちゃいけないなと思って、撮影の数日前から風呂に入らず、家にも帰らず街をフラフラした。ビジネスホテルに泊まったり、居酒屋で朝まで飲んだりして、フラフラ撮影現場に行った。

その台本の裏表紙に「無名の人間」と大きくフェルトペンで書かれていた。僕が書いたのだろう。いつ書いたのか覚えていないが、無名の人間を演じなくてはと思ったのだろう。正樹のように、心許なく、根無草のように生きている人間はたくさんいる。そのどこにでもいる人間を演じたいと思った。

出演時間は少なかったけど、正樹を演じることができて良かった。高畑充希さんが演じた姉ちゃんは、どこか僕の姉に似ている気がした。気が強いのに繊細そうなところとか、不器用で優しすぎるところとか。だから、初めてお会いするのに姉弟な感じがすごくした。数日で弟でいられなくなったのは、寂しかった。

撮影では、お腹を空かせている設定だったので、オムライスを完食した。色んな角度から撮ったので、結果的にオムライスを5皿食べた。瀬々敬久監督は、その時は何も言わなかったけど、その後「神木隆之介の撮休」というドラマに呼んでもらった時に「藤原の食べるシーン入れといたぞ」と言われ、のり弁を食べることになった。意気込んで爆食いしたら「口に入れすぎて台詞が聞き取れない」と注意され、ああ別にたくさん食べなくていいんだ、と思った。初めてのスタッフさんは「のり弁の数が足りないので、できればそんなに食べないでください」とこっそり耳打ちした。迷惑までかかっていたんだな、と勉強になった。

「明日の食卓」は、あらゆる角度から「母」を描いている。家族とのコミュニケーションがうまくいかない母、仕事を始めて新しい環境に進んでいく母、シングルマザーで一生懸命に生活費を稼ぐ母、子どもに理想を押し付ける母、姑との関係にストレスを抱える母、希望を捨てない母。菅野美穂さん、高畑充希さん、尾野真千子さんが、それぞれの母を多面的に演じている。色んな母を見ながら、どんなに辛いことがあっても、こんな風に子どもとの対話を諦めずにいられたらいいなと思った。家族との対話。それは誰にとっても、一番難しいことだ。歳を重ねれば尚更だ。でもそこから逃げない登場人物たちが「明日の食卓」にはいる。

この映画が、今日もどこかで一生懸命暮らす、誰かの勇気になってくれればいいなと思う。

友達みたいな映画

彩の国さいたま芸術劇場で演劇をやっている時、終演後、楽屋に松居大悟監督が訪ねてきた。確か初めましてだったと思うが、挨拶すると、

「聞いてる?」

と言われた。なんのことかわからなかった。

「これからオファーが行くと思うから」

その日の帰りには、マネージャーから脚本が手渡された。その内容よりも先に、メンバーを聞いてテンションが上がった。

成田凌、高良健吾、若葉竜也、目次立樹、浜野謙太、そしてヒロインに前田敦子。敬称略。それが映画「くれなずめ」に集まったメンバーだった。

映画の撮影に向けて、リハーサルが行われた。開始時間になってから、みんながぞろぞろ集まってきて、リハーサルがなかなか始まらない。談笑している。このゆるゆるした感じから、徐々に熱が立ち上がっていくのが不思議。バンドの「太陽族」をカラオケで熱唱するシーンのリハーサルでは、みんなが本当に熱唱し始めて、ああ映画が始まるんだなと思った。

ダンスの練習もたくさんした。振り付けはパパイヤ鈴木さん。「人生でパパイヤ鈴木さんに

ダンスを教えてもらう日が来るとは思わなかった」と誰かが言って、みんなで笑った。高良さんと若葉さんはダンスが苦手らしくて、人一倍練習していた。「俺たちの動き、甲殻類じゃん」と踊る動画を見た若葉さんが叫んでいた。

撮影は毎日が楽しかった。騒ぎすぎて、大丈夫だったかな。たくさん笑いすぎて、涙が出た。裏話なんてない。僕たちに裏も表もなかった。全部出し切った。誰に何を言われようと、自分たちが本気で楽しんで作品を作ったのだから、後悔はない。


「友達みたいな映画が作りたい」

松居監督がそう言っていた。『くれなずめ』観ましたよ」と街中で声をかけられると、まるで友達を褒められているみたいで、誇らしいような、恥ずかしいような、いじらしい気持ちになる。でも、正直すごく嬉しいのだ。僕も大好きな映画だから。

「ゾウはネズミ色」いい曲だったなあ。

前田敦子さんとは今日まで、たくさんの作品でご一緒している。舞台「青い瞳」、映画「イニシエーション・ラブ」「くれなずめ」、ドラマ「あなたに聴かせたい歌があるんだ」「ウツボラ」。どの作品も思い出深い。台詞が全然もらえなかった時から、肩を並べてお芝居ができる日まで、前田さんは色んな僕を見ている。「くれなずめ」の駅のホームで共演した時の印象が、最も強く残っていて、忘れられない。この日、季節はずれの大雪が降ったのだ。前田さんはホームに降りるなり「ぽっぽやじゃん」と言った。その言葉で、なんだかテンションが上がった。前田さんとは、それから仲の良い友人で、この本の執筆も応援してくれた。「私は季節が綿毛ちゃんみたいな時から見てるから嬉しいよ。あなたは奇跡なんだから。書き殴って」そう言ってノートとボールペンをくれた。それにしても綿毛ちゃんって。

友達のことはこのくらいでいいかな。みんな、元気かなあ。

ヨコハマとタマ

僕は「佐々木、イン、マイマイン」「his」でヨコハマ映画祭の最優秀新人賞を受賞した。そして同じく「佐々木、イン、マイマイン」と、「のさりの島」「くれなずめ」「空白」「明日の食卓」でTAMA映画賞の最優秀新進男優賞を受賞した。

人生で初めての賞だった。ヨコハマ映画祭は、コロナの影響で表彰式ができなかった。宮沢氷魚と一緒に受賞できたことが本当に嬉しかったので、壇上で祝福し合うことができなかったのが悔やまれる。それでも民間の運営で成り立っているこの映画祭を、コロナ禍でも開催してくれたことに感謝しかない。この映画祭は、もう四十回以上も開催されているが、その第一回目の新人賞を受賞したのが、松田美由紀さんだ。自分を拾って育ててくれた人と、同じ賞を受賞できたことが嬉しかった。

TAMAでは「のさりの島」の山本起也監督が、京都から来てくれた。

「こんな光景を目撃できて、感無量です」

と言っていたが、確かにその会場はすごく大きくて、僕も緊張した。天国の原知佐子さんと、天草の人たちのことを考えながら登壇したけど、やっぱり晴れやかな場所は苦手だなあと思った。TAMAのスタッフさんたちは、すごく温かくて優しかった。「のさりの島」は都内では、午前中の一回上映だったのに、見つけ出してくれた。感謝。自分がかつて住んでいた街に、帰ってきた。色んな思い出がある街だ。

忘れられない二つの映画祭。またいつか帰ってこられますように。

珈琲と花

「西荻窪 三ツ星洋酒堂」というドラマで、西荻窪の街を好きになった。そこで今回は、僕の大好きな喫茶店と花屋を紹介しようと思う。

「物豆奇《ものずき》」というその喫茶店は、西荻窪の北口を出て、交番前の道路を直進、本屋を通り、ケーキ屋を通り、もう少しだけ歩いていくと現れる。向かいには、小さな公園がある。物豆奇は、三ツ星洋酒堂の外観に使われたのがきっかけで、撮影の際に訪れた。真冬の撮影で、雨を浴びるような過酷なロケだったので、物豆奇の中で暖を取らせてもらった。町田啓太さんと森崎ウィンさんと、三人で身を寄せ合って暖まった。店内にはたくさんの時計が飾ってあって、まるで異世界だった。ドラマが放送されて少し経ってから、ふとあの喫茶店を訪ねてみたいと思った。撮影の翌年の冬だった。少し勇気を出して、重い扉を開けた。木造でできた店内は、相変わらず暖かかった。そして心が安まった。珈琲を飲み終わると、マスターが話しかけてくれた。

「藤原さんですか？」

「はい。撮影の時はお世話になりました」

それから物豆奇に行くたびに、マスターと話をするようになった。お互いの近況報告をして天気や体調の話をした後、マスターと僕は喫茶店を出て、すぐ隣のお店に行く。

「石黒さーん、藤原さん来たよ」

「おお久しぶり！　かあさーん、季節くん」

「あらー季節くん」

お隣にあるのは、愉快なご夫婦が営む花屋「フラワーショップいしぐろ」さん。

「最近、テレビで見ないねえ」

「はい、どうも舞台ばっかりやってまして」

「あら、また痩せた？　やっぱり実物は痩せて見えるねえ」

「今の時期は何がおすすめですか？」

「ラナンキュラス。春の花よ」

「季節くん、これ見な、水に入れるとこんなに花が開くんだよ」

「じゃあ。それください。あとスイートピーも」

物豆奇のマスターや、フラワーショップいしぐろのご夫婦の顔を思い出すたび、もっと活躍したいなあと思う。テレビに出たいと思うのは、いつも応援してくれる人と会った時だ。マスターは演劇のチケットや珈琲をくれるし、石黒さんはいつも花をサービスしてくれる。ここで珈琲を飲んで、花を買って帰ると、力が湧いてくる。僕のパワースポット。珈琲は、誰かや自分と対話する時間を与えてくれる。花は、生活に彩りを与えてくれたり、ちょっとしたプレゼントになったりする。

珈琲と花。

プリズム

ある春、僕は蒲郡という街で撮影をしていた。その撮影場所の民家の庭に、色とりどりの花が咲き群れていた。僕はその花から、目が離せなくなった。植物の美しさを突然感じ始めたのは、この頃からだった。

（この花はなんという名だろう）

街を歩くたびに、花や草木への関心が尽きなくなった。東京に戻ってからは、花屋へよく行くようになった。通っているうちに、花の名前や、季節ごとに花の種類が全然違うことを、少しずつ知るようになった。

僕が「プリズム」という作品で、ガーデンデザイナーを演じることになったのは、そんなタイミングだった。

撮影では、山の中へ苔を見にいったり、花に囲まれた庭園でバーベキューをしたり、大きなガーデンを作ったり、花屋でドライフラワーの花束やひまわりを買ったり、太陽の下で土をいじったり、雨の中で苗木を守ったり、杉咲花さんと森山未來さんと、たくさんの物語を積み重ねた。

緑と、カラフルな色彩に囲まれた、あの大切な時間。どんなに帰りたいと願っても、皐月と悠磨さんに会いたいと想っても、そうすることはできない。思い出は帰らず、季節だけが巡る。また、春が来た。花は咲き、春野菜が店頭に並び、人々は冬眠から目覚めたように色めき立つ。桜の花びらが落ちると、新芽が萌えて、青空に新緑が輝き出す。こうやって季節が巡るたび、僕は「プリズム」を思い出すのだろう。それでいい。

このドラマでは、人物のセクシュアリティについても描かれている。映画「his」の監修を務めた南和行さんが、「プリズム」でも力を貸してくれた。僕が演じた陸はバイセクシュアルで、森山未來さんが演じた悠磨さんはゲイだ。脚本については、僕ら俳優部も何度も話し合いに参加した。僕は撮影現場で、南和行さんの著書を配ったり、ドキュメンタリー映画「愛と法」を紹介したりした。その著書を読んだ森山未來さんが突然、

「明日会いに行ってくるわ」

と言った。未來さんは、大阪の南和行さんと吉田昌史さんの弁護士事務所を訪ねていった。未來さんは、とにかく行動力がすごい。ガーデナーを演じるにあたっては、知り合いの山へ行って、植物の採集を勉強してくるような人だ。撮影の待ち時間には、自前の採集道具を衣装用のカバンに入れて、ガーデンの雑草をどんどんポケットに詰め込んでいく。そのようにして衣装の細かなディテールができ上がっていく。その姿を、僕と杉咲花さんは眺めていた。格好良いのだけど、どこか面白い。なんて自然で、なんて自由な人なんだ。僕らは未來さんを見ている

と、いつも笑ってしまうのだ。

杉咲花さんは、このようにして共演者やスタッフのことを、見つめている人だ。良い演技者は、集中力が卓越しているのだと思った。集中して物事を見つめ、その変化に気づいたり、心を配ったりする。時には集中して自分の内面を見つめ、注意深く、丁寧に演技をする。そのまなざしが、主人公の皐月そのものだと感じた。皐月は、家族とのコミュニケーションや、セクシュアリティの違いに悩み、自分の人生の選択にも悩みながら、様々な出会いや価値観の違いを通過して、人生を前に進めていく。その過程で、自分のことを疑ったり、時には喧嘩をして気持ちをぶつけたり、相手を理解しようとしたり、受け止めたり、泣き笑いしながら、植物のように成長していく。世間の言う「普通」や、正しいと言われるものに惑わされず、曇りなき眼で世界を見つめ、愛していく。そのまなざしを持ったのが皐月であり、杉咲花さんだ。

このドラマを語る時、僕はこの二人のことを語らずにはいられないし、いつかまた違う作品で再会することがあっても、あの緑の中にある思い出はもう帰ってこない。次は何色の場所で会えるんだろう。たくさん色が増えていけば、その混ざり合った記憶は、やがてプリズムのように虹色に発光するかもしれない。僕はその時が楽しみでしょうがない。


ベランダのミモザは、木が若くて、今春は花を咲かせなかった。冬のうちに枯れてしまった植物は、春の太陽を浴びてようやく新芽を出した。ガジュマルや多肉植物は、いつもたくましく僕を励ましてくれる。

植物は、手がかかる。多様な性質がある。それぞれ成長しやすい場所がある。寒すぎても陽を当てすぎても疲れちゃうし、水のあげすぎも良くない。でも根気強く育てると、その環境で適応することもある。毎日一緒にいると少し飽きる。疲れてる時なんかは、水をあげるのも億劫になる。それでも水をあげて霧吹きで葉を湿らすと、草木が喜んでいる気がして、自分まで満たされた気になる。いってきます。ただいま。これが僕の毎日。早く花が咲きますように。

宮沢賢治

もう駄目かもしれない。そう思う夜がある。そんな時、宮沢賢治の本を手に取る、わけではない。駄目かもと思う夜に、本を読む力なんてない。それでもその夜が明けて、ようやく眠気が来て、好きなだけ眠って、ああもう日が暮れそうなのに自分はご飯を食べる気力も、トイレに行く気力もないんだという時、ようやく本棚に目が留まり、宮沢賢治と目が合うことがある。ページをパラパラめくり「結局おれではだめなのかなあ」という言葉が目に入り、僕はポロポロ涙を流す。こんな風にして、宮沢賢治と十年間を生きてきた。

二〇一三年九月二十一日、僕が松田美由紀さんと出会った日、藤原季節が生まれた。そしてその日は、宮沢賢治の命日でもある。三十七歳まで生きて、肺炎をわずらい、病床で「雨ニモマケズ」を書いた人。あと七年で彼の歳になる時、僕は何をしているんだろう。

この十年の間に、宮沢賢治の作品を何度か朗読した。僕の三十歳の誕生日、その日も僕は、ライブハウスで賢治の作品を朗読していた。宮沢賢治の故郷が見てみたくて、花巻へ旅に行った。花巻の雪や、空や、水を見た僕の情感は溢れ、想いは強まったけど、朗読はうまくいかなかった。初日の本番前に、全身に蕁麻疹ができて逃げ出したくなった。本番が始まってからも不安が消えることはなく、毎朝稽古を続けて、最後のステージをなんとか乗り切った。その千秋楽の客席から向けられた拍手に温かさを感じて、また涙が出た。拍手の音と、自分を照らす光が温かかった。僕の涙は喜びと、安堵。もうこんな想いは二度としたくない。いつもそう思う。なのに気がつくと僕は、またステージに運ばれている。とても疲れているのに、届けたいと思う。言葉の力、その透明な力を届けたいと思う。その力は、僕の意志すら超えたところで僕を動かし、時には聴く人の心を動かす。信じる心が、そこにはある。

どうしてこんなにひとりぼっちなんだろう、そう思う気持ちは誰にでもある。誰にでもあるけど、僕がその孤独を味わう時、こんなに寂しい想いをしている人間は他にいないだろうと思う。誰かと楽しく過ごしたって、その翌日は無力感を感じるものだし、そもそも人に囲まれていたって孤独はやってくる。「君はひとりじゃないよ」と言ってあげたいけど、でもやっぱひとりなんだよ、どうしたって。悲しいよね。生きているだけで、悲しいのはどうしてだろう。宮沢賢治は自分の詩を、詩ではなく心象スケッチと呼んだ。この本は、僕の心象スケッチ。こんな悲しみの吐露に意味なんてなくて、意味なんてないのに、この言葉に宿った透明な力が、夜風に乗って誰かに届いてしまえばいいと思う。

境　内

宮沢賢治

みんなが弁当をたべてゐる間
わたくしはこの杉の幹にかくれて
しばらくひとり憩んでゐよう
二里も遠くから　この野原中
くろくわだかまって見え
千年にもなると云はれる
林のなかの一本だ
うす光る巻積雲に
梢が黒く浮いてゐて
見てゐると
杉とわたくしとが
空を旅してゐるやうだ
みんなは杉のうしろの方
山門の下や石碑に腰かけて
割合ひっそりしてゐるのは
いま盛んにたべてゐるのだ
約束をしてみな弁当をもち出して
じぶんの家の近辺を
ふだんはあるかないやうなあちこちの田の隅まで
仲間といっしょにまはってあるく
ちょっと異様な気持ちだらう
おれも飯でも握ってもってくるとよかった
空手で来ても
学校前の荒物店で
パンなぞ買へると考えたのは
第一ひどい間違ひだった
冬は酸えずに五日や十日置けるので
とにかく売ってゐたのだらう

パンはありませんかと云ふと
冬はたしかに売ったのに
主人がまるで忘れたやうな
ひどくけげんな顔をして
はあ？パンすかときいてゐた
一つの椅子に腰かけて
朝から酒をのんでゐた
眉の蕪雑なぢいさんが
じろっとおれをふり向いた
それから大へん親切さうに
パンだらそこにあったっけがと
右手の棚を何かさがすといふ風にして
それから大へんとぼけた顔で
ははあ食はれないゝ石バンだと
さう云ひながらおれを見た
主人もすこしもくつろがず
おれにもわらふ余裕がなかった
あのぢいさんにあすこまで
強い皮肉を云はせたものを
そのまっくらな巨きなものを
おれはどうにも動かせない
結局おれではだめなのかなあ
みんなはもう飯もすんだのか
改めてまたどらをうったり手を叩いたり
林いっぱい大へんにぎやかになった
向ふはさっき
みんなといっしょに入った鳥居
しだれのやなぎや桜や水
鳥居は明るいま夏の野原にひらいてゐる
あゝ杉を出て社殿をのぼり
絵馬や格子に囲まれた
うすくらがりの板の上に
からだを投げておれは泣きたい
けれどもおれはそれをしてはならない
無畏　無畏
断じて進め

（詩稿補遺 より）

第三章

朗読

初めて朗読をしたのは二〇一六年、僕が二十三歳の時だった。この本でも紹介した友人たちと三人で開催した。一人は音楽、二人は朗読を担当した。友人とステージに立ちたかった。観客の拍手が、僕らの心を救ってくれればいいと思った。音楽がやりたくて上京した彼も、東京の小劇場で出会った彼も、そして一心不乱に俳優をやりたいと突っ走っていた僕も、それぞれが道に迷い、苦しんでいた。工事現場で三人で働く日もあった。夕暮れの工事現場で、ほうきをギターにして三人で歌った。この三人でステージに上がってしまえば、何かが変わるかもしれないと思った。

作品は、宮沢賢治の「よだかの星」と梶井基次郎の「檸檬」だった。劇場は、新宿にあるプーク人形劇場という場所を選んだ。北海道から役者を目指して上京してきた後輩が二人、アルバイトとしてスタッフを担当してくれた。チケットが全然売れなくて、公園で弾き語りをしてチケットを手売りした。足を止めたご婦人が本当に観にきてくれて、僕の朗読を観て「あなたは有名になると思う」と声をかけてくれた。ステージ上にレモンを二百個くらいばら撒いて、カーテンコールでお客さん全員に配った。好き勝手やって、本当に楽しかった。収益はなく赤字だったけど、そんなことどうでも良くて、仲間がステージで頑張っている間に、楽屋でのんきに煙草を吸っている時間が、なんともいえず幸福だった。打ち上げも楽しくて、人生で最も充実感を感じた。自分で開催した朗読会で、好きな仲間を集めて、夜が明けるまで乾杯する。これ以上の幸せはないと思った。

二度目の朗読は、以前スタッフをやってくれた後輩にも出演してもらって、全部で七人でステージに上がった。プーク人形劇場のステージは、七人も上がるとパッパッに混雑した。本番前はギターを弾いて、みんなで大合唱をした。「もしカーテンコールが長かったらアンコールで一曲歌おうぜ」と話し合ったが、拍手はちゃんと鳴り止んだ。宮沢賢治と、梶井基次郎と、シェイクスピアと、オリジナル脚本を朗読した。なんだかカオスな朗読会だったが、これもやはり楽しかった。後輩が、千秋楽の本番中に袖幕で号泣してしまい、僕らは必死に笑いを堪えてステージに送り出した。笑えるシーンだったはずなのに、急に演者が号泣して登場するから、お客さんは混乱したと思う。打ち上げでは、その号泣エピソードを語らい、みんなで腹がよじれるほど笑った。僕らは再会を約束して解散したが、結局、朗読は僕一人で続けることになった。

そのメンバーとは、月に二回ほど集まって、本読みや演劇の稽古を続けた。彼らを見ていると、とにかく演技がしたいのだということが痛切に伝わってきた。朗読じゃないなと思った。演技の仕事と並行して朗読を続けたいと思っていた僕と、とにかく演技がしたい彼らとの間には、目的の違いがあった。その相談を受けたりしているうちに、僕が持つ価値観を彼らに伝えようとしたり、押し付けたりするのは良くないと思った。何より、僕自身の責任が増していくのが辛かった。僕が演劇を上演するのを、みんなが待っているような気がした。そのことがプレッシャーだった。次第に稽古の回数は減っていき、朗読会も自然消滅するかに思えた。

ライブハウスで働く幼馴染から連絡があったのは、そんな時だった。

八十嶋淳《やそしまじゅん》というその人は、十二歳の時から地元で仲が良い友人だった。浪人した僕より一年早く上京し、音楽学校に入りライブハウスに就職した。何年も働くうちに、イベントの主催やミュージシャンのブッキングを担当するようになり、不思議なくらいミュージシャンに慕われる男になっていた。そんな彼と久しぶりに再会し、もんじゃ焼きを食べにいった。僕は朗読のことを相談し、仲間の望みを叶えてあげられないことや、ごくわずかな朗読の収益をギャラに当てていたら、自分は赤字を被ってしまったことなどを打ち明けた。

「音楽と朗読を組み合わせたらどうかな?」

彼は、以前から考えていたアイディアを僕に提案した。そして、必ず黒字にするからと自信満々に言った。ライブハウスで仕事としてイベントを開いてきた彼にとって、黒字を出すことは重要なことらしかった。何より、僕の生活のことをとにかく心配した。俳優が飯を食っていくことの大変さを聞いて、自分にもできることはないかと考えてくれた。そうして、自分が働いてきた音楽という畑と、僕の朗読の畑を一つにするというアイディアを編み出した。

僕はその当時、クタクタだった。八十嶋の提案は嬉しかったが、本当に実現させることができるのか、半信半疑だった。「いいね、いつかやろうぜ」などと言葉を交わして、僕らは解散した。しかし、そのイベントが実現するのに時間はかからなかった。

八十嶋は、まずライブハウスのスケジュールを押さえて、僕の事務所にも掛け合って僕のスケジュールを押さえると、並行して一人のミュージシャンを連れてきた。それが羊文学というバンドの、塩塚モエカさんだった。塩塚さんは、このイベントに興味を示してくれた。彼女の歌を聞き込んで、読む題材を夏目漱石の「夢十夜」という作品に決めた。

イベントは、大成功だった。朗読のイベントでチケットは初めて完売し、配信チケットは日を追うごとに売れていった（配信機材とスタッフが完璧にそろっていた！）。何より、僕を日頃応援してくれるファンの人が喜んでくれた。とにかく音楽によって心が癒やされたと言ってくれた。演劇や朗読が観客に与える緊張感を、塩塚モエカさんの音楽が見事に緩和した。朗読と音楽が、良いバランスで並走した。僕は、改めて音楽が持つ力に感動し、朗読のやりがいというものを知った。

それからは毎年の夏、塩塚さんとコラボして、この朗読を続けている。色んなミュージシャンともイベントを広げていこうという八十嶋の提案で、今年の冬は、高井息吹さんというミュージシャンを呼んで、宮沢賢治の朗読をした。高井息吹さんのピアノと歌声は、本当に素晴らしかった。「季節さんのために、一音一音を捧げます」そう言ってくれる心も美しく、その音色には魂がこもっていた。聴いていると涙が出てくるような、すごい演奏だった。

この話で大切なことは、僕を助けてくれたのが中学の同級生ということだ。こんなこと、十二歳の僕らにはとても想像できなかった。想像もできなかったことが人生には起こる。これまでに起きたのだから、これからも起きるのだと思う。朗読に希望を感じられなくなった僕が、年に二回も朗読を続けられるようになったのは、八十嶋のおかげだ。そしてもちろん、観にきてくれる人たちのおかげだ。この場所では、観客のみんなの存在を、最も深く感じる。この人たちが僕の朗読を聞きにきてくれる限りは、僕は表現を続けていきたいと思う。だからこそ、この場所は守っていかなければいけないと思う。それだけに、プレッシャーは大きいし、その分やりがいも大きい。

コロナ禍において、自分は物語を失うかもしれないと思った。それでも僕は今、物語を読み続けることができている。俳優を続けることができている。この場所を、これからも大切にしていきたいし、予期せぬ変化や誰かの助けを受け入れて、変化していきたい。

SNSについて

「SNSについて書いてみてほしい」

この本の編集者である竹下さんから、そんなリクエストがあった。

「SNSについて、藤原さんの考えていることを聞いてみたい」と。そのことについて考えてみた。SNSについては、悩んだりしたことも多かった。やめてしまおうかと何度も考えた。でも「ブログ読みました」とか「季節さんの言葉には力があるから続けてください」とか、色んな言葉をいただくたびに、よし頑張ろうと思って続けてきた。自分が出演した作品や自主企画の舞台の話を、一人でも多くの人に届けたいという気持ちもあった。

二十代の時は、このフォロワー数というやつのせいで仕事が決まらないんじゃないか、なんて考えたりもした。実は結構、考えてた。人気が数値化されるのは、恐ろしいことだった。

「密やかな結晶」という舞台に出演した時、俳優の山内圭哉さんにそのことを話したら、圭哉さんは自分の腕を指して、

「ココ、磨いたらええんとちゃうんかい」

と言った。この言葉は、今の自分に響いている。当時の自分は、圭哉さんの言ってることにすぐ納得することができなかったけど、今なら少しはわかる。フォロワー数を当てにするより、

自分の腕を当てにした方が、精神的にもよっぽどいい。

ファンでいてくれる人と、SNSを通じて距離が密接になることで、仕事ぶりや私生活の様子を届ける機会は増えた。届ければ届けるほど、反応は増えていく。とにかく喜んでもらえるし、そこには連続した快楽がある。

「今日も反響があった」

「これはあまり〝いいね〟がつかなかった」

もちろん、そこには小さな不安もつきまとう。みんなに喜んでもらえる写真を選ぶこと。価値の基準が自分ではなく、他者になっていく。みんなが喜んでくれる投稿をし続けることは、実は心が削られる作業なのだ。数ヶ月経てば、自分の中からも他者の中からも消えていくかもしれない、小さな喜び。

人の感情や、人気が数値化されていくのは、ちょっと悲しい。でも自分にとって、本当に価値があるものは数字にならないし、たくさんの数字を持っている人が偉いわけでもない。


この十年の間に、SNSが主流になったことで大きく変わったのは、手書きのファンレターが激減したことだろう。コメントやダイレクトメッセージで文章を送ると、ある程度伝えたい気持ちは満足するのだと思う。その気持ちは、少しわかる。僕も作品について長い文章を書くと、気持ちがまとまって、胸がすっとする。自分の感情を言葉にするのは大切だけど、簡単に言葉にしてしまうのは、勿体ない気持ちもする。手書きの言葉を郵便ポストに入れてワクワクするのは、簡単なことじゃない。読んでくれたかな、そう考える夜が、またその人への想いを育てていく。それに、手書きには個性が出る。

「きせつさんとはなしていると、おんせんにはいったみたいに心がぽかぽかします」

そう書いてくれた男の子もいる。最年少ファンの、おうすけ君だ。メールだとすぐ漢字に変換されてしまうものが、ちょっと頼りないひらがなで書かれているのが愛おしい。手書きの言葉は、このまま消えていくのかなあ。

何やらSNSについて書こうとすると、話が脱線してしまう。とにかく、僕はSNSを続けてきて良かったと思っている。僕のブログは、二〇二三年の春に、サービスが終了してしまった。寝耳に水の知らせで驚いたが、長い文章が流行りじゃないのも、世の流れなので仕方がない。そのタイミングで、本の執筆の話をいただき、ブログを書き続けてきて良かったと思った。言葉はこれからも、コツコツ書き溜めていこうと思う。いつか誰かに触れられる場所へ、言葉を解き放てるように。

「やめないでください」

「終わってしまうのが寂しいです」

「あんな文章書ける人いないから、続けてください」

「日々の癒やしでした。ありがとうございました」

「忘れません」

「今日までお疲れ様でした」

ブログの終了が発表されると、たくさんのメッセージが僕に届いた。みんなが長文で、気持ちを伝えてくれた。それはお手軽な言葉じゃなく、真摯な心のこもった言葉だった。僕はそのメッセージを一つひとつ読んで、すごく感動した。

この間、僕は元気がなかったので、一人でステーキを食べにいこうと思った。お店に着いたのは、閉店間際だった。その店には僕と、サラリーマンが三人。一人は上司で、二人はその上司の話を聞いている。その二人が、すごく帰りたそうにしていた。何度もパチパチ瞬きをして、頑張って相槌をうちながら、水もほとんど飲まずに苦笑いをしている。こんな時間までお酒を飲んで、締めにステーキを食べて、明日も仕事なのだろうか。

また別の夜には、自宅へ帰る途中の小さなスーパーで、一人の女性がとても疲れた様子でレジに並んでいた。買い物かごには、大量のお菓子やパンが詰め込まれている。チョコレートを一袋手に取って、商品棚に戻そうか、悩んでいる。僕はすぐそばに並んでいたので、目に入ってしまった。

あの人たちが自宅に帰って、疲れたと言ってシャワーも浴びずにベッドに倒れ込んでしまう時、訳もわからず悲しくて涙が出てくる時、ふと心が軽くなるような言葉を届けられたらと思う。その重くなった心には、SNSのような手軽な繋がりや短い言葉がちょうどいい時だってあるのかもしれない。そう考えると、心を削ってでも、みんなに小さな喜びを届けようとする人たちは、すごいと思う。やっぱり僕も、頑張って続けていこう。

夢

いつの間にか、僕には後輩ができていた。十年もこの世界にいれば当たり前のことか。最近出会う二十代の俳優は「季節さんの作品観ましたよ」と声をかけてくれる。しかしそれ以上は何も言わない。何かしらのプライドを抱えていて、コミュニケーションがうまくいかない気持ちは、僕にも身に覚えがある。せっかく出会ったのなら色んな話がしたい、と思えるようになったのは、僕だって最近のことだ。

「今度ご飯に行こう」と誘っても「共演してから行きたいです」と堂々と断られることもある。そのまなざしの切なさを、僕は知っている。僕がこの世界に入ったばかりの頃、先輩の俳優が日本アカデミー賞の最優秀賞を受賞した。そのトロフィーを握らされそうになった時、僕は断りたい気持ちがした。その重さは、自分で確かめたかった。先輩の俳優は、一瞬悲しそうな顔をした。僕はその先輩の表情を見て、トロフィーを握った。複雑な思いがした。あの時僕を邪魔したのは、要らないプライドだったのかもしれない。その要らないプライドは、僕を夢や目標から遠ざけるだろう。それでも、どうしても捨てきれないプライドというのは、やっぱりある。

俳優を目指して、北海道から上京してきた二人の男がいる。サトウヒロキという男は、ある日僕を訪ねてきた。高校時代からの知り合いだったが、彼が僕に夢を語ったことはなかった。でも実は俳優になりたかったのだという。大切なことを口に出せない彼の痛みが、僕にも伝わってきた。僕はカメラを持ち出して、彼の宣材写真を撮った。彼はその写真でプロフィールを作って、芸能事務所に応募したけど、ことごとく不合格だった。

「困ったことがあったらいつでも相談に乗る」

僕は彼にそう言い続けた。彼が僕に相談してきたのは、一度だけだった。僕らは、渋谷のセンター街のファーストフード店で向かい合った。一杯百円のコーヒー。仕事もないし、お金もない。彼は心が折れかけていた。僕は、もう少し自分の力で頑張ってみたらと言ったけど、本当は彼に貸してやるお金がなかった。自分の無力さが、悔しくて恥ずかしかった。僕らは解散したが、僕はセンター街の雑踏を引き返して、ヒロキを追いかけた。空っぽの財布の中から映画の前売り券をすべて取り出して、彼に握らせた。彼は目に涙を溜めて、渋谷の街に消えていった。

それ以来ずっと、ヒロキは僕に相談することもなく、一人で闘ってきた。自主映画のネット募集に、片っ端から応募して、インディーズでコツコツ名前を売り、芸能事務所にスカウトされた。

彼の主演作「この日々が凪いだら」（常間地裕監督）という映画には、僕も誘われ出演した。大切な後輩の主演作だ。この映画は、ロングラン上映のあと、モスクワ国際映画祭のメインコンペティションにまで選ばれ、彼はモスクワでレッドカーペットを歩いた。おめでとう、サトウヒロキ。

もう一人の上京者は、石原滉也という男だ。朗読の本番中に号泣した彼である。彼はまだ、全く無名の俳優だ。石原は、札幌の警察学校に通う青年だった。僕が札幌に帰った時、知り合いを通じて突然訪ねてきた。

「警察を辞めるか、俳優を目指すか、ずっと悩んでいるんです」

彼はそう打ち明けた。家庭の事情もあり、どうしたら良いのか悩んでいるようだった。

「それは君が決めることだけど、どちらを選択しても後悔のない生き方をした方がいいんじゃないかな」

僕は幾分、他人行儀にそう伝えた。彼はその数ヶ月後に警察学校を辞め、夢を目指して上京してきた。天然で、人を笑わせるのが好きな男だ。彼は今でも、月に一度くらいのペースで、僕の家を訪ねてくる。ドアノブにビールやジンギスカンを吊り下げて帰っていく日もあるし、一緒に焼き鳥を食べにいく日もある。

夢や目標への最短ルートはない。どんなに頭の中で道順や作戦を考えていても、結局はステージに上がり続けて、腕を磨いたり、人との縁を広げていく以外に、方法はない。そしてそれは、人によってはとても難しいことなのだ。何度も悩んで、インターホンを押さずに、ドアノブにビールをそっと下げて帰る、その想いを想像せずにはいられない。

一生懸命に練習した、たった一つの台詞を間違うこともある。誰かに馬鹿にされたり、名前を覚えてもらえず「この人」呼ばわりされることもある。僕は思う、舐められてたまるか。お金がなくても、力がなくても、それでも必死にバイトして、東京に食らいついて、やっと辿り着いた現場だ。その現場でさえ、台詞がもらえず情けない気持ちで家に帰ることもある。それでも、捨てきれないのが夢だ。好きだからやっているはずなのに、好きなものに傷つけられて、ボロボロになっている。それでも、捨てきれないのがプライドだ。その想いを無かったことにして、馬鹿にされたままではいられない。

同じ夢を追い、同じステージを目指す僕たちが、一瞬だけすれ違い、別れていくのがこの世界なんだと思う。今一緒にいることができても、次に出会うのは十年後かもしれない。一生出会わないかもしれない。東京だけで一千万人以上の人がいるのに、出会えたことが奇跡だ。そこにあるドラマは、何にも代え難い価値があることを、僕らは知っている。お金を持っていなくたって、服がダサくたって、人気がなくたって、構いやしない。自信を持って、人と関わってしまえばいい。もしそれで傷付くことがあったとしても、倒れることがあったとしても、倒れるまで踏み込んだ自分を、誇ってしまえばいい。

さあ、行こう。どこまでも。

二十九歳

二十九歳の誕生日の日、僕は大泉の東映スタジオにいた。

「海の見える理髪店」というNHK BSのドラマに参加していたためだ。僕はこの作品で、柄本明さんの相手役を務めさせていただいた。

海の見える理髪店に、一人の青年が訪ねてくる。店主は青年に、自分の人生を語り始める。やがて二人の秘密が明かされていく物語だ。

僕は、柄本さん演じる店主の語りを受け止める役だ。こんなに光栄なことはない。柄本さんに関する本や、作品やドキュメンタリーを見て、撮影に挑んだ。

「こんなにたくさんのカメラに囲まれてると、何かやりたくなっちゃうよねえ」

柄本さんは、撮影中にそう呟いた。「何もやるな」ということだと思った。難しいことを考えず、店主の台詞に耳を傾けようと思った。

柄本さんは著書の中でも「書かれてあることを言う」ことの難しさについて語っていた。その難しさを前提として、それでも僕たち俳優は、台詞を言わなければならない状況に「なっちゃった」わけだと。言えないものを、言ってみる。そこで生まれたものを大切にするのだという。

考えてみると「この台詞は言える」なんて思うのは、傲慢な考え方だなと思う。誰かが書いた台詞は、結局のところ誰かが書いた台詞なのであって、自分の言葉ではない。その誰かの言葉を、自分の身体を通して発してみた時、そこに何が待っているか。恥じらいなのか、喜びなのか、新しい自分なのか。「海の見える理髪店」はまさに、新しい自分との出会いであった。

撮影の待ち時間は、柄本さんとお話をさせていただいた。撮影当時、柄本さんの付き人だった諫早幸作という俳優は、僕の友人でもある。僕らは二人で柄本さんの近くに座り、話を聞いていた。

話題は演劇になり、チェーホフの「かもめ」や、ベケットの「ゴドーを待ちながら」の話になる。柄本さんが急に立ち上がり、並んで座る僕らのことを、少し離れた場所から見つめ始めた。僕らはキョトンとしている。その僕らを見て、柄本さんが突然、声を上げて笑った。

「お前ら、ゴドーを待ちながらだよ」

「ええ、僕らですか！」

僕らもなんだか可笑しくて、笑ってしまう。

「ほら、あそこでスタッフが話してるだろう」

柄本さんの指差す先には、四人くらいで何かを真剣に相談するスタッフたちがいた。

「あれがチェーホフのかもめだ」

「おおー！」

「じゃあ、あれはなんだと思う？」

次に柄本さんが指差す先には、一人暗がりで思い悩む男性のスタッフがいた。その暗がりを作業用のライトが照らしていた。

「あれは、ハムレットだ」

「わはは！　すげぇ！」

僕らは爆笑していた。

「あれで、生きるべきか死ぬべきか、なんて言ってたら最高だろう。何もやらなくていいんだよ。何もやらない方が面白いんだから」


撮影中、僕は不思議な体験をした。物語は佳境に向かっていき、理髪店の店主の語りは進んでいく。人を殺めてしまい刑務所に入った店主は、その刑務所を出所した後、人の髪を切るのをやめてしまう。しかしある時、施設で人の髪を切ることになった。そこで、褒められたのだ。

「嬉しかった」

柄本さんが演じる店主は、そう呟いた。その言葉を聞いて、僕は気がつくと泣いていた。「やっべ」と思った。涙を流すようなシーンではない。でもそう思うほど、涙が出てくる。これはNGになってしまうかもしれないと思ったが、あまり表情は映っていなかったため、OKとなった。セーフ。でも今のなんだ？　僕は、店主の語りに惹き込まれていた。「嬉しかった」という言葉が響いた。その言葉は、刑務所に入っていた理髪店の店主の言葉だとしか思えなかった。

柄本明さんは、役になり切ることはできないと言う。その「できない」をどこまでも考え続け、でも物語を実現する希望を捨てない。その絶望と希望の同居を、僕は目の当たりにした。

この撮影の中で、僕は短髪になった。文字通り生まれ変わったような気分だった。お芝居の神様と、ワイワイ語り合ったような気分だった。僕と諫早幸作は、いつか「ゴドーを待ちながら」を二人でやろうぜと約束した。

お芝居のことを考えてワクワクしたのは、これが初めてのことだった。

宝

札幌の知り合いの癌が、三度目の再発をした。

友人のお母さん。いくさんって僕は呼んでいる。思春期に家に帰りたくなかった時、いくさんは、何度も助けてくれた。朝まで僕の話を聞いてくれた。いくさんはいつも、僕のお腹が空いていないか心配した。上京してからもそれは変わらない。

いくさんは、抗がん剤治療も放射線治療も乗り越えて、今も頑張って生きている。

「死ぬ二日前まで話すって決めたんだ」

そう言って、時折電話をかけてくれる。

「大成しなさいよ〜」

それがいくさんの口癖だ。

「あなたは三十歳まで売れないね」

上京した時、そう言われた。この間帰った時は、

「三十五歳まで辛抱しなさい」

と言われた。いくさん、話が違うじゃん。

浜益村の祖母が亡くなった時、一番悲しかったのは、祖母のカレーライスがもう二度と食べられないことだった。ソイのお刺身も食べられないし「おかわり」と叫ぶこともできない。いくさんのおでんや、ハッシュドビーフが食べられないのは、耐え難い。こんな個人的なこと、書くべきではないのかもしれない。じゃあ何故書いているのかといえば、それはやっぱりいくさんに読んでもらいたいから。いくさんと「この本が完成するまで死なない」って約束したから。いくさんはまだ生きているから。この時間は永遠じゃないから。この本ができ上がって、時間が経って、いつかこの本が世間に忘れられた時、僕はこの本を手に取るかもしれないから。その時いくさんは、もうこの世界にいないかもしれないから。大切な人が生きている今の記憶を、ここに刻んでおきたいから。昨日夢に出てきたから。

一緒にいっぱい泣いてくれた人。一緒にいっぱい笑って、いっぱい怒ってくれた人。下ネタが大好きで、ちょっとガラガラの大声で笑う人。ロマンチックで、いつも恋をしている人。サザンオールスターズのバラードをかけると泣くし、ＡＫＢ48をかけると踊り出す人。「Lay All Your Love On Me」という曲が大好きで「私のお葬式ではこれを爆音でかけてね」と無邪気に言ってくる人。お酒と煙草が大好きな人。いつもエプロンをつけて僕を迎えてくれる人。「いくわよ」が口癖で、「いいわよ」と返事をしないと怒る人。別れ際にいつもハグをする人。

誰かに何かを与え続けた人は、幸せなんだろうか。

「いつでも来ていいよ」

そう言って、自分を求めてくる人のために、愛を与え続ける人の心は、削られたりしないんだろうか。

僕は今一人暮らしをしていて、家にはよく友人や後輩が訪ねてくる。ご飯を作って、ワイワイ話をして、みんなが帰った後、その痕跡を見てふと寂しさが湧き上がることがある。食器を片付けたりしながら、心に隙間風が吹くことがある。

いくさんはどうだったんだろう。

僕は思う。きっといくさんも、寂しい思いや、疲れを感じる日はあったはずだ。子どものエネルギーって、やっぱり強いから。そのエネルギーを受け止めて、受け止めて、「またおいで」とハグをして、送り出す。あんなにたくさんの愛を与えてくれた人に、僕はまだ何も恩返しできていないのに、癌はあの人の身体を蝕《むしば》んでいく。


宝石にも、服にも、家具にも、車にも興味のない僕が、唯一持っている宝物がある。それは、僕の記憶。いつか消えてなくなる、この記憶だけを抱えて生きていく。この宝物は、僕に優しさを与え、キラキラした夢や、無償の愛を持つことを教えてくれる。削られた心も、隙間風も、すべて埋めてしまうほどの宝を持っていることを、忘れずにいたい。

そうして、この宝物をぜんぶぜんぶ人に与えてしまいたい。与えても与えても、泉のように湧き上がる愛を感じていたい。見返りを求めず、与え続け、一緒に泣き笑い、「いってらっしゃい」と言って抱きしめて、送り出してあげたい。僕がそうしてもらったように。
この本が完成したら、いくさんに届けにいこう。
その時は、僕がいくさんを抱きしめるんだ。

薤露青《かいろせい》

宮沢賢治

みをつくしの列をなつかしくうかべ
薤露青の聖らかな空明のなかを
たえずさびしく湧き鳴りながら
よもすがら南十字へながれる水よ
岸のまっくろなくるみばやしのなかでは
いま膨大なわかちがたい夜の呼吸から
銀の分子が析出される
　　……みをつくしの影はうつくしく水にうつり
　　　プリオシンコーストに反射して崩れてくる波は
　　　　ときどきかすかな燐光をなげる……
橋板や空がいきなりいままた明るくなるのは
この旱天のどこからかくるいなびかりらしい

水よ　わたくしの胸いっぱいの
やり場所のないかなしさを
はるかなマヂェランの星雲へとゞけてくれ
そこには赤いいさり火がゆらぎ
蝎がうす雲の上を這ふ

……たえず企画し　たえずかなしみ
たえず窮乏をつゞけながら
どこまでもながれて行くもの……

この星の夜の大河の欄干はもう朽ちた
わたくしはまた西のわづかな薄明の残りや
うすい血紅瑪瑙をのぞみ
しづかな鱗の呼吸をきく
……なつかしい夢のみをつくし……

声のいゝ製糸場の工女たちが
わたくしをあざけるやうに歌って行けば
そのなかにはわたくしの亡くなった妹の声が
たしかに二つも入ってゐる

……あの力いっぱいに
　細い弱いのどからうたふ女の声だ……
杉ばやしの上がいままた明るくなるのは
そこから月が出ようとしてゐるので
鳥はしきりにさわいでゐる
　……みをつくしらは夢の兵隊……
南からまた電光がひらめけば
さかなはアセチレンの匂をはく
水は銀河の投影のやうに地平線までながれ
灰いろはがねのそらの環
　……あゝ　いとしくおもふものが
　そのまゝどこへ行ってしまったかわからないことが
　なんといふいゝことだらう……
かなしさは空明から降り
黒い鳥の鋭く過ぎるころ
秋の鮎のさびの模様が
そらに白く数条わたる

（「春と修羅 第二集」より）

誰かの悲しみ

この書籍の執筆をしながら、この十年ってなんだったんだろうなあと思う。自分の不確かな「記憶」というものに、特別な価値があるとは思えない。たとえ僕にとって価値のあるものでも、誰かにはそうじゃないかもしれない。この十万字に、何の価値があるのだろう。誰かの役に立つのだろうか。最初は役に立ちたいと思って書き始めたけど、その動機だけで書き続けるのは無理だった。ただただ「記憶」を掘り起こし、誰のためでもない文字を書き続けた。創作は、人と関わることで生まれて変化していくものだと教えられてきた。でもこの文章を書くに至っては、その論理が全く通じなかった。どこまで行っても、一人である気がした。結局のところ、そんなものなんだ。誰かに期待しすぎることも、誰かに寄り添おうとすることも、結局のところはそんなものなんだ。


「どうしてそんなに強いんですか」

と聞かれることがある。でもそう聞いてくる人は、この文章を読んでも僕が強いと感じるのだろうか。僕が尊敬するボクシングの元世界チャンピオンはインタビューで、

「ボクサーは殴られるのが怖いから殴るんだ」

と言っていた。あ、僕もそうかもしれない、なんて世界チャンピオンの言葉に共感してみたりする。僕のことを強いと感じるのは、僕が表現することをやめないからだ。でもその原動力は概ね、僕の不安だったり、怯える心から来ている。忘れられるのが怖いのかな。僕は一体、何に怯えているのだろう。いっそのこと思い切り殴られてみたい。その方がわかりやすい。心を扱う仕事は、わかりづらい。

幼馴染の父親が、亡くなった。癌を宣告されてから、三ヶ月後に亡くなった。コロナで、面会は最後までできなかった。

「突然のことすぎてね。急に帰ってくる気がするの」

と真っ白な顔をした奥さんが、僕に言った。どんなに想像してみても、その悲しみはわからない。かける言葉も、見つからない。僕はやがて想像することをやめる。でも、それから僕の舞台を観にきてくれるようになった。この本も、読んでいるかもしれない。表現を通して関わることしかできない。希望を与えられるなんて到底言えない。自分の力に、そこまで期待をしていない。でも逆に言えば、表現を通して、関わることができる。僕は世界で生まれている悲しみと、関わっている。

演じる

この数ヶ月間、ずっと「めぐるきせつ」のことが頭にあった。何をしていても、風呂に入っていても、自分の心で考えていることを言葉にしようとする力が働いてしまい、言葉が浮かぶと「書かなきゃ」と思ってしまう。すぐ書かなければ、忘れてしまう。忘れないと思っていても、忘れる。言葉は文字にしなければ消えるのだ。これは結構苦しい時間だった。改めて、作家という職業を尊敬した。

「めぐるきせつ」のために写真を撮ってくれた信岡を見ていて、写真家はすごいなと思った。だって、他人を撮るのだから。自分ではなく、他人を。他者の魅力を発見し、その一瞬を永遠にする。それは、自分にばかりフォーカスを合わせてしまう僕にとっては、すごいことに思えた。

思えば、この本を作ろうと提案してくれた、マネージャーの安藤泉美さんもすごい。「完成したら一生ものだよ」と言って、僕を励まし続けてくれた。この本を出版するために尽力してくださった、ワニブックスの竹下詩織さんを見ていても、言葉や本を扱う仕事ってすごいなと、敬意を感じた。

これから先も、あらゆる職業に敬意を感じて生きてゆくのだと思う。職業だけではなく、たとえば父親や母親という存在も、尊敬する。そして僕は、その人たちに成る。映画の中でひと時だけ、成ったフリをする。

僕は、昔から俳優が舞台挨拶で「〇〇役を演じさせていただきました」と言うのに、疑問を感じていた。あの敬語は、誰に対しての敬語なんだろう。選んでくれたプロデューサーや監督、それとも映画館に来てくれた観客だろうか。

ふと僕が思うのは「演じさせていただきました」という言葉は、その職業で実際に暮らす、生活者に対して使う言葉なんじゃないだろうか、ということだ。そしてその生活者とは、もちろん観客のことでもある。働いたお金で、映画館や劇場に来てくれる人たちのことだ。その生活の中で感じる苦しみや疲れ、そして喜びや幸せ。積み重ねてきた毎日を、ほんのひと時、演じさせていただく。その感覚がしっくりくる。

「ヒミズ」という映画のメイキングインタビューで、俳優の村上淳さんが、演じることに対してこう言っていた。

「ハナから不謹慎なんだから」

僕はその言葉に、胸をつかれたような気がした。自分たち俳優が、街で暮らしている人間を演じようとする。そこに前提として存在する傲慢さを、忘れてはいけないと思った。

僕らはそれでも演じていかなくてはいけない。俳優という仕事をしているからだ。役になり切ることができなくても、本物に近づくことを諦めてはいけない。「鉄道員」の高倉健さんや「恋人たち」の川辺で働く作業員たちの姿を、胸に宿していたい。そこにはフィクションという嘘が作り出す、一つの真実があるように思う。僕はこの真実が、たまらなく好きなんだ。

これからも、世界のどこかで一生懸命に暮らす人たちを、一生懸命に演じさせていただきたいと思う。

現在地

二〇二三年四月七日、執筆最終日。昨日と今日、暴風が吹き荒れている。窓が揺れる音に起こされて、僕はすぐに服を着替えて、帽子を被り、パソコンと文庫本四冊をカバンに放り込み、外に出る。目が覚めてから十分も経っていない。図書館からは、受験生が消えている。いつもなら新聞を手に取るところだけど、僕は今すぐこの文章を書きたいと思っている。いつの間にか冬が終わり、春が来る。このまま新しい季節の中に消えてしまいたい。そう思う日を、何度も何度も何度も乗り越えて、今日まで生きてきた。

明日から、演劇の稽古が始まる。オーディションで勝ち取った場所だ。新しい人生が始まるんだ。僕は三十歳になっている。平成は令和になっている。コロナは収束を迎えつつある。海の向こうでは戦争をしている。大きな災害がある。今日も誰かが大切な人を亡くしている。スマートフォンのニュースに、それらはほとんどのっていない。それなのに、スマートフォンの中に繋がりを求めて、繋がりの中に答えを求めて、人々は画面の中に埋没し、下を向く。こうして電車で席を譲る人は、少なくなっていく。

その美しい顔を上げて。

亡くなった人のことは、少しずつ悼んでいかなくてはならない。僕たちは人生を謳歌しなければならない。一瞬一瞬を生きなくてはならない。

何もかもが無意味だと思える人生だった。毎日が気怠く、眠いだけだった。友人や物語や恋には、どこか無限に近いものを感じるけど、それらに本質的に救われたことはなかった。結局のところ、自分を救えるのは自分だけなのかもしれない。僕は、探していた。燃え上がる瞬間を探していた。日記も、写真も要らなかった。ただ生きている実感だけが欲しかった。

少年の時の記憶が、今ふと蘇る。父は、僕が悪さをすると、僕を空港に連れていった。そしてただ並んで、飛行機を眺めた。僕も父に倣い、空港の大きな窓から、巨大な飛行機を眺めていた。父はあの時、何を考えていたのだろう。ここじゃないどこかに飛んでいきたいと願っていたのかもしれないし、理想の父親になろうとしていたのかもしれない。あるいは、ただ僕を愛していただけなのかもしれない。今なら少しだけ、あの時の父の弱さがわかる気がする。僕は、僕の弱さを、あの時の父の姿に重ね合わせている。

僕を育ててくれて、ありがとう。父と母が、一分一秒すれ違うのが遅いだけで、僕は生まれていない。祖父と祖母が、一分一秒すれ違うのが遅いだけで、この本は生まれていない。僕たちは、出会うことができた。この本は今、誰かの手元に届いてますか。届いているとしたら、それは奇跡だ。

この本を手に取って、最後まで読んでくださり、本当にありがとうございました。最後は、大好きな映画「サイモン・バーチ」の台詞で締めくくります。良ければみんなも、呟いてみてください。なかなか悪くないですよ。

アイム、ミラクル。

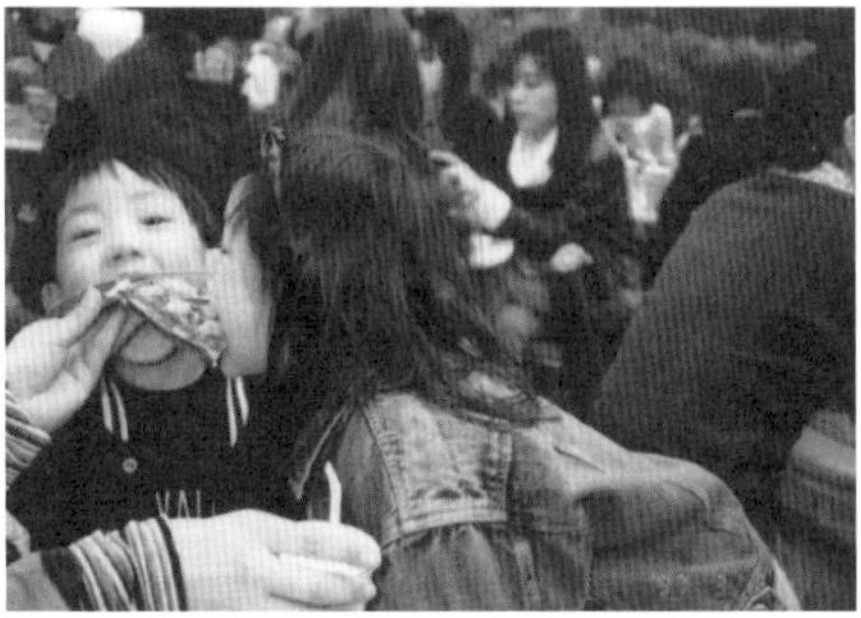

失われたもの

ある日、妻が失踪した。僕と幼い息子を残して、霧のように消えてしまった。まだ五歳だった息子は、混乱して泣きじゃくる僕を抱きしめた。僕たちは、生きていかなければならなかった。それから一年半の時間をかけて、僕と息子は、徐々に自分たちの生活を取り戻してきた。

妻とは職場で出会った。僕は、彼女にすぐ恋をした。美しいと思った。金色の髪の毛、真っ白な肌、細く長身の身体と、少しだけ尖った顎、笑顔が特に美しかった。

告白したのは、祖父が働く喫茶店だった。祖父は認知症になり施設に入っていたが、ある日突然、自分の喫茶店に帰りたいと言い出した。僕は親戚に相談し、祖父を喫茶店に連れていった。すると祖父は、快活に働き出した。でも、僕のことは覚えていないようだった。

僕はその喫茶店に、彼女を誘い出した。それが初めてのデートだった。祖父が働けなくなって喫茶店がなくなってしまう前に、どうしても彼女をここに連れていきたかった。

「バタートーストが美味しいよ」

僕らは、バタートーストを注文した。彼女はコーヒーではなく、ウィスキーのオンザロックを注文した。ウィスキーに純粋な興味があって、飲んでみたいという感じだった。まだ昼だったので意外に思ったが、祖父はウィスキーを注文する若き女性を、とても気に入ったようだった。その祖父の喜ぶ顔を見て、この人に告白しようと思った。

彼女がお手洗いから戻る時、カウンターで祖父と話しているのが見えた。

「あのマスター、なんか変」

うまく会話が通じなかったようで、彼女は少し動揺していた。

「実は、僕の祖父なんだ」

彼女は驚いて、僕を見つめた。

「もうボケてるから僕のことはただの客だと思ってる」

「…そうなんだ」

僕は、わざと祖父に聞こえるように大きな声を出して、

「君のことが好きだよ。僕の恋人になってほしい」

と言った。すると、それを聞いた祖父が笑顔で拍手した。彼女は、笑った。僕も笑っていた。笑うとなぜか涙が出そうになった。こうして、僕らは付き合うことになった。その数ヶ月後、祖父は死んだ。


数年の同棲生活を経て、僕らは子どもを授かり、結婚することになった。妊娠したことを告げられた時は、嬉しかった。彼女と一生を添い遂げたいと思った。その覚悟をずっと決められずにいた僕にとって、子どもという存在は、僕らを家族にしてくれる大切なきっかけに思えた。子どもは、男の子だった。

僕は、建築家をしていた。彼女は、そのデザインを担当していた。僕の技術と彼女のアイディアを合わせて、様々な仕事をしてきた。その評判は、

かなり良かった。仕事が軌道に乗り、僕らは自分たちで会社を立ち上げた。息子は五歳になり、来年には小学生になる。すべてが順調に思えた。僕は、幸せだった。

そしてある日突然、彼女が失踪したのだ。どこに原因があったのだろう。何がいけなかったのだろう。あるいは彼女には、他に好きな男がいたのかもしれない。今頃そいつの胸に抱かれているのかもしれない。そう思うと、身体からすべての力が抜けて、起き上がることができなかった。

息子を実家に預けようと思った。実家の両親に息子を預けて、別れを済ませる。僕は、息子を捨てるんだ。息子に背中を向けて、玄関のドアを閉めた。しかし、そのドアがすぐに開いた。振り返った瞬間、息子が僕の胸に飛び込んできた。僕は声を上げて泣いた。妻を失って涙を流したのは、この時が初めてだった。もう二度とこの子を離さないと、心に誓った。泣き続ける僕を、息子は強い力で抱きしめていた。確かに僕は、抱きしめられていたのだ。息子からは幼児特有の良い匂いがして、汗ばむ柔らかな腕がひんやりしていて、気持ちが良かった。

失踪した妻から手紙が届いたのは、それから一年半後のことだった。手紙の中には、劇場のデザイン案がいくつか書かれていた。劇場？

「どんな劇場だといいかしら」

しかし、そこに書かれたいくつかのデザイン案は、どう見ても、ただの家具の配置図のようにしか見えない、異様に簡易的なものだった。とても小さな劇場なのだろうか。簡易的なステージが、数十脚の椅子によって囲まれているだけだ。手紙の次のページには「朝になるとレコードで音楽を聴く」と書かれていた。字は心許なく震え、歪んでいた。それ以外のメッセージは、何もなかった。僕はその手紙に、何かしらのヒントを探そうとして、何度も何度も手紙を読んだ。しかしそこに手がかりのようなものは、何も書かれていなかった。彼女はこの手紙を通して、何を伝えようとしているんだろう。どれだけ考えても、答えはわからなかった。

季節は、夏になっていた。最近になって、息子がトイレに閉じこもることが増えていたので、何かあったのかと聞いてみた。息子は、壁にかけられた世界地図を指差し、どうしてもここに行きたいと何度も訴えた。その場所は、いま紛争が起きている危険地帯だった。どうしたんだろう。初めはあまり気にしていなかったが、ある電話によって、無視することができなくなった。

その電話は、色々な建造物を特集した雑誌を刊行している友人からのものだった。その友人は大学時代の同期で、これまで建築に関わる様々なことを共有してきた仲間でもあった。

「実は仕事の依頼がしたくてさ。…って島、聞いたことある？　そうそう、その国の。その島が、今紛争で危ない状態なんだけど、建物もかなりの被害を受けててさ。あの島に残ってるのって、昔の重要な建造物ばかりだから、ぶっ壊れちゃう前に、写真と研究データをある程度取っておきたいんだよ。専門家をもう一人連れていきたくて、お前に連絡したんだ」

「行くよ」

「え？　マジで」

その島は、息子が行きたいと訴えていた場所だった。別に僕は、目に見えないものを強固に信じているわけではないし、宗教的な性格を持ち合わせているわけでもない。それでも、人生にはこういった偶然が重なることがある。妻の失踪、手紙、そしてその島。そこには何かしら繋がりがあるような気がした。とにかく、何か行動がしたかった。妻に、会いたかった。

「行くよ。ただ一つだけ頼みがある。息子を連れていきたいんだ」

「お前それ本気で言ってるのか」

「本気だよ」

「いや、まあ不可能じゃない。直接入国するわけじゃないからな。俺たちが使うのは、陸路と船だ。

まず飛行機で別の国に着陸して、そこからは車と船でその島を目指す。だから、子どもの入国も不可能ではないよ。常識ではあり得ないけどね」

「常識ではあり得ないことが、僕の周りで起きすぎてるんだよ」

「そうなのか」

「とにかく、頼むよ」


僕と息子、そして友人を乗せた小さなバスは陸路を進んでいった。移動の間、息子はとても静かにしていた。僕は目を瞑る。その暗闇の中で、これまで自分の身に起きたことを整理しようとしていた。しかし何度整理しようとしても、はっきりしたことがわからない。頭の中は靄がかかったように曖昧模糊としていた。僕は、傷ついていた。おそらく自分でも気づかないくらい深く、傷ついていた。妻も、このように傷ついていたのかもしれない。その心を整理するために、長い長い移動が必要で、その移動の果てに僕らを捨てる決断をしたのかもしれない。でも、一体彼女をそこまで傷つけたものは何だったのだろう。僕は彼女のそばにいたのに、彼女を知ることができなかった。触れているようで、触れていなかったんだ。透明。僕の中にある、その時々の記憶が、夏の花火のように儚い煙となって夜の闇に消えていく。僕はそれを捕まえようとするけど、届かない。どこまで行っても闇だけが広がっている。おーい。どこにいるんだ。待ってくれ。置いていかないでくれ。僕には君が必要なんだ。消えないで。

「着いたぞ」

僕はそこで目を覚ます。身体中に汗をかいていた。隣に座っていた息子が僕を見つめていた。

「どうしたんだ、大丈夫か？」

再び友人に声をかけられて、やっと僕は現実に帰ってきた。

僕らは船着場でバスを降りて、船に乗り換えた。湿っぽい夏の風が吹いて潮の香りがした。その香りはなぜか僕を懐かしい気持ちにさせ、祖父の喫茶店を思い出させた。船は出港した。

船の周りに沢山のイルカが集まってきた。現地のガイドが息子の手を取って、イルカに触れさせようとしている。僕は強烈な船酔いに襲われて、息子に見られないように嘔吐する。とても気分が悪かった。僕はこんなところで何をやっているんだろう。僕はどうしてこんなところにいるんだろう。僕はどこに向かっているんだろう。不安でたまらなかった。妻の顔を思い出そうとするほど、本当の妻のことがわからなくなってくる。そのうち、彼女の表情を思い出すのに時間がかかるようになってきた。船の上でそのことに気づき、僕は激しい不安に襲われ、また嘔吐した。このまま彼女の顔を思い出せなくなったら、僕は死ぬかもしれない。どこまで行っても広がる海が、僕を閉じ込めているような気がして、息が苦しくなった。

島に到着すると、息子の様子が一変した。聴いたこともない歌を歌い始め、まるで知った道かのように歩き出す。僕らはその息子を追いかけた。現地のガイドが、この島には有名な占い師がいることを教えてくれた。何が占い師だ。そう思ったが、友人はそこへ向かおうと言い出した。人が暮らす場所に建物があるはずだと言った。僕らは現地のガイドに案内されて、その場所に向かった。時々離れた場所で、砲撃の音が聞こえた。息子が心配だったが、息子はそんなことは意に介さず、どんどん先に進んでいった。

占い師は、日本人の老婆だった。息子はその占い師を見た瞬間、彼女の懐に飛び込んだ。

「ここに来たことがあるんだね」

占い師はそう言った。僕は混乱した。

「この場所に来たのは初めてです。息子はまだ六歳なんですよ」

「前世で来たことがあるんだよ」

そして息子は、また聴いたことのない歌を歌い始めた。

「この子の隣に、小さな女の子がいるよ。一緒に歌っている」

僕はその言葉を聴いた瞬間、その小さな女の子が妻ではないかと思った。何故だかわからないが、そう思ったのだ。

「僕の妻が失踪したんです。妻はこの島にいるんでしょうか」

「どこにいるかはわからないよ。ただ貴方は、何かに導かれてこの島に来た。そのことの意味を、深く考えるんだ」

確かなことは何もわからないまま、僕らはその老婆と別れた。僕らは現地のガイドが用意してくれた宿に向かった。一旦その場所に荷物を置いてから、島の建造物を見にいった。息子はどの場所に行っても、楽しそうに何かと戯れているようだった。まるで息子が別人のように感じられて、僕は不安になった。息子が僕を抱きしめてくれた記憶を思い出していた。また抱きしめられたかった。

島の建造物は、確かに素晴らしいものだった。日本が、この数十年の時をかけて失った技術がそこにはあった。時を逆行するように、その島の建造物は何度も丁寧に改修されていた。技術は守られ、受け継がれていた。進化もせず、前進もしない。ただ、損なわれないように、守るだけ。美しかった。それは、僕が本来求めていたもののような気がした。新しいビルが乱立し、古い建物は壊される。できる限り早いスピードで、時間を前進させてきた国、それが日本だ。その前進の過程で、僕らの原風景は失われていった。心は少しずつ、削られていったんだ。気づかないうちに、少しずつ。懐かしさや温かさとは、何だろう。そのすべてが、この島の建物にはあった。空気の密度が濃く、安心する。木が、生きている。その場所にいると他には何もいらないように思えた。友人が言った。

「どうして、こんなに懐かしいんだ」

「…歴史的に何か関係があるんじゃないのか」

「そうかもしれない。俺はこの島で紛争が起きていて、沢山の人が死んだり、建物が破壊されていることが信じられないよ」

その言葉を聞きながら、僕は考えていた。沢山の人が死に、建物が破壊されるのが戦争なら、俺たちの国だって戦争をしてないか。自ら命を落とす人が毎年増え続け、建物が次々に生まれ変わり、人と人の繋がりは絶たれていく。砲撃で破壊されていくこの島と、僕らが暮らすあの島国の間に、どれだけの違いがあるんだろう。前進した時間の先に、天空に向かって伸び続けるビルの先に、何が待っているんだろう。すべては消滅へ向かっているだけなんじゃないか。消滅。その言葉は妻を思い出させた。妻は、消滅してしまったんじゃないだろうか。僕は突然、そんな思いに駆られた。しかし妻は、僕に手紙を出して何かを伝えようとしている。この島に導かれたことの意味を、深く考えるんだ。

その後、島に滞在している間に、妻に関する情報を見つけ出すことはできなかった。まるで何かに守られているように、紛争の被害を受けることもなく、僕らは帰国した。

「来てくれてありがとうな。何か助けになれることがあったら、いつでも連絡してくれよ」

友人はそう言って、僕らは空港で別れた。僕と息子は、また二人きりになった。すごく心細かったが、一人じゃなくて良かったと思った。子どもの無邪気さが心の救いだった。僕と息子は手を繋ぎ、空港の窓から飛行機を眺めた。巨大な飛行機はいつまで見ていても飽きなかった。機体の滑らかな曲線には、難しいことや哀しいことを忘れさせてくれる何かがあった。人間は空を飛んだんだ。

夜、自宅に着く頃には、外は雨が降っていた。夏の湿気が身体にまとわりついてベタベタした。タクシーの中で眠ってしまった息子を自宅のベッドに運び、僕は濡れたまま、リビングのソファに身体を沈めた。とても疲れていた。だが眠る気にはなれなかった。腹が空いている気がしたが、何も食べる気がしなかった。生きている気がしない。どうしてこんなに苦しいんだろう。生きているだけなのに、この感情をなんと呼ぶのだろう。寂しい。寂しさ、これが寂しさか。世界中から孤立しているようだった。妻のことも、息子のことも、僕には何もわかっていなかった。しかし彼女らもまた、僕のこの孤独を理解していなかった。家族なのに、他人であることを僕は今痛感している。雨が降っている。どこにも行き場所がなかった。声を聞きたい人もいなかった。僕を助けてくれる人は誰もいない。連絡してくれと友人は言うが、連絡してどうなるというのだ。結局のところ、寂しい人を救えるのは誰かから言われる「好き」という言葉だけなのかもしれない。妻はよく眠る前、僕に「好き」と言ってくれた。そうして抱きしめてくれた。その腕の中で、僕はすべての不安を忘れていた。僕は彼女に、深く救われていたんだ。

気がつくと、夜が明けそうになっていた。雨の音は弱まり、カーテン越しの青白い光が部屋を包んでいた。やがて、静寂が訪れた。

彼女はある日突然、姿を消した。愛すべき幼い息子を残して。そうして何らかの形で僕に手紙を出した。それは小さな劇場の設計図だった。息子は僕をとある島に導き、友人も僕をその島に導いた。前世でその島にいた息子は、幼い彼女と一緒に歌を歌い、占い師はこの島に導かれた意味を深く考えろと言った。

「どんな劇場だといいかしら」

その震える文字は、彼女の筆跡とは思えなかった。それよりもまるで、彼女の魂と呼ばれるものや、思念といったものが文字になって現れたような、そんな説得力があった。彼女の肉体はもうすでに失われていて、どこかにいる彼女の魂が、僕に手紙を出したんじゃないだろうか。馬鹿げた考えだが、僕はそう思った。だとしたらこの劇場は、彼女の魂が欲していたものだ。心の奥底にあった原風景。この場所は、どこなんだ。とても設計図とは言えない、ただ家具を配置しただけのような図。数十脚の椅子が囲みのステージを作り、そこでは演劇か何かが上演されるのかもしれない。劇場のサイズはまるで、家の中のようだった。これじゃあまり大きな音を出すのには向いていない。都会の喧騒から離れた場所か、地下か。地下？僕はその時、祖父の喫茶店のことを思い出した。そういえば、あの場所には地下室があった。幼い時よく、そこで遊んでいた。僕は一つひとつ、丁寧に記憶をたぐり寄せてみた。木造の地下室、埃っぽくて海辺のような古い香り、たくさんの物、ラジオ、写真、古い冷蔵庫や、自転車、レコード。僕はふと思い立ち、彼女の手紙を棚の引き出しから取り出した。手紙の二枚目には、

「朝になるとレコードで音楽を聴く」

と書かれていた。その時僕は気づいた。彼女は、そこにいる。彼女はその喫茶店にいる。僕が彼女に初めて告白した場所だ。彼女は、あるいは彼女の心は、あの場所に戻って僕のことを待っていたんだ。そしてその地下室の中から、手紙を通して僕にサインを伝えてきたんだ。


「もしもしどうしたの」

「もしもし母さん、あのじいちゃんの喫茶店、今どうなってる」

「やだ、こんな朝早くにどうしたの」

「いいから」

僕は叫んだ。

「喫茶店？　あそこ、おっきいビルが建つことになってるから、もうすぐなくなるよ」


僕はその言葉を聞くと、部屋を飛び出した。駐車場に停まっている自分の車に乗り込んで、そこから二時間以上離れた場所にある祖父の喫茶店を目指して出発した。家に残した息子が心配だったが、まだ目覚めはしないだろう。それに目覚めても、あいつなら大丈夫だ。息子は僕よりも強いんだ。帰ったら、思いっきり抱きしめてやろう。次は、僕が抱きしめるんだ。息子が愛しかった。どうしてもっと、もっともっと愛してあげられなかったんだろう。もっと、もっと大切にしてあげられなかったんだろう。一人遊びをする息子の背中、それでも楽しそうに笑う息子に救われるばかりで、救われたいと望むばかりで、僕は何もしてやれなかった。飽きられるまで抱きしめて、眠りに落ちるまでそばにいて、いつまでも遊び続ければ良かったんだ。早く家に帰らないと。僕はアクセルを踏みしめた。外の霧雨はいつしか止み、雲間からは光が差していた。

車が、祖父の喫茶店に着いた。懐かしい。僕が

子どもの頃、よくここに遊びにきていた。僕が帰る時、祖父と祖母はこの喫茶店の前に立って、僕を乗せた車が見えなくなるまで手を振り続けた。僕も車の後部座席の窓から、手を振り続けた。バイバイ。バイバーイ。またねー。バイバーイ。

喫茶店の入り口に立つと、鍵を持っていないことに気がついた。なりふり構っていられず、大きめの石を見つけて窓に投げ込んだ。その窓から、喫茶店の中に入った。懐かしい匂いがして、ボケてしまった祖父のことを思い出した。僕のことを覚えていないのに陽気に笑い「いらっしゃい」と言う祖父。ここで彼女に告白した時、祖父は笑顔で拍手をしてくれた。あのゆっくりとした拍手の音が、朝陽に消えていく花火のように僕の耳に響いていた。カウンターの奥にある廊下を突き進み、地下室へと続く扉の前に立った。扉の前に立つと、地下からレコードの音楽が聴こえてきた。耳に響いていた花火の音が、心音に変わった。僕はその扉をこじ開け、地下室へ駆け降りた。開いた扉から朝の光が差し込んで、白い靄のように埃が舞った。僕は妻の名前を呼んだ。何度も何度も呼んだ。彼女がここにいたことは間違いなかった。香りがしたからだ。一年半の時間をかけて、僕のそばから消えていった香りだ。妻の姿は、どこにも見当たらなかった。レコードからは、息子があの島で歌っていた曲が流れていた。

その数ヶ月後、土地開発によって喫茶店は取り壊された。更地になったその場所を見て、僕は完全に妻を失ったと思った。妻は、失われてしまった。

あの地下室にあった彼女の魂は、僕に何かを訴えていた。彼女を消滅に向かわせたものは、ひょっとしたら僕かもしれないし、彼女自身かもしれない。あるいは、他の何かかもしれない。あの島の建造物や、喫茶店、僕らが失ってきたもの。彼女が本当に望んでいたものは次々に損なわれ、彼女の心もまた削られていった。僕と一緒に新しい建物を作りながら、彼女の肉体はこの世界で生きる場所を失い、心だけがあの地下室へ帰っていったのかもしれない。そこは彼女が前世で過ごした場所と、よく似ていたはずだ。

僕にはまだ、やるべきことが残されていた。


「もしもし」

「もしもし」

「どうした？　何かあったか」

「もう何もないよ。僕は大切なものを、失ったんだ」

「…大丈夫か？」

「少しだけ、話を聞いてほしいんだ。妻は、僕にとってすべてだったんだということが今になってわかるんだよ。今になってわかるなんて、恥ずかしいよな」

「そうか。失ってからじゃないとわからないこともあるよ。俺には全部はわかってやれないけど、とにかく少し休めよ」

「そう、お前には全部はわからないんだよ。だって他人なんだから。失ってしまったものや、すべての記憶が、僕にとってどれくらい大切だったかなんて、他人にはわからないんだよ。僕にすら今の今まで本当にはわかってなかったんだから」

「…」

「つまりさ、僕も僕自身とは赤の他人だったんだ。自分が寂しかったことも、誰かを愛せていなかったことも、僕は何も知らなかったんだ」

「うん」

「なあ、僕と友達でいてくれてありがとう」

「…何か俺にできることがあったらいつでも言ってくれよ」

「実は一つ、頼みがあるんだ」

「おう。頼みって何？」

「劇場を作りたいんだ」


僕の腕の中で、息子が眠っていた。

おわり

藤原季節への100の質問

Q1 子供の頃の夢は？
A 学校の先生と俳優。
Q2 子供の頃お気に入りだった本は？
A 村山由佳さんの「約束」っていう絵本です。
Q3 初恋はいつ頃、どんな相手でしたか？
A 小学2年生の時に、靴箱に手紙を入れて振られました（笑）。ダンスを踊っていて、元気で明るい子でした。
Q4 学生時代得意だった教科は？
A 現代文。国語の教科書が好きでしたね。
Q5 学生時代尊敬していた先生はどんな方でしたか？
A 間違ったことを「ごめんなさい」とちゃんと謝ってくれる先生。
Q6 学生のうちにやっておけばよかった！ ということがあれば教えてください。
A ギター（笑）。あとは、沢山遊んどけばよかったとしか言えないですけど…学生のうちに一人旅はしておきたかったかも。
Q7 歴史上の事件、ひとつだけ変えられるとしたら？
A 高校で剣道部に入った時、一回坊主を超えてスキンヘッドにしたことがあって、やめておけばよかったなと。やりすぎました。
Q8 一番好きな映画、もしくは最も繰り返し観ている映画は？
A 邦画だと「ノルウェイの森」、洋画だと最近は「ロッキー」にハマっていて、気持ちを高めています。
Q9 朝、流したい曲は？
A 寝起きは藤原さくらさんのプレイリストを流しがちです。準備しながら頑張らなきゃ！って気持ちになります。
Q10 眠れない夜に聴く曲は？
A 優河さんのアルバムを聞いてます。あと羊文学かな。
Q11 カラオケの十八番は？
A ウルフルズの「暴れだす」。「くれなずめ」以降ハマりました。
Q12 今までで一番涙した本は？
A 本で泣くことは滅多にないけど、「東京タワー〜オカンとボクと時々オトン〜」はめっちゃ泣いた記憶がある。あとビートたけしさんの「菊次郎とさき」。自分の母親を思い出す本に弱いです。
Q13 映画を観る時は何を基準に選んでいますか？
A 出演している俳優ですね。今日は誰々を観たいとか、今日はゲイリー・オールドマン観たいとか、そんな感じです。
Q14 映画館で好きな座席の位置はありますか。
A 最前列。前に誰もいない状態で作品に没入したいんですよね。最前列か最後列が多くて、目黒シネマとかで古い映画を観る時は一番後ろでゆったり、新作を観る時は前で観ます。

Q15 好きな言葉は？

A「のさり」って言葉は好きだなあ。

Q16 好きな季節は？

A 秋。金木犀のにおいも好きだし、本読んだり、ご飯食べたり、色んなことが許される気がする。

Q17 海外旅行に行くならどこで何をしたいですか？

A NYに行って、タイムズスクエアの前で「ニューヨークシティー！」って叫びたい（笑）。

Q18 北海道に初めて行く人にぜひ行ってほしい場所は？

A 札幌駅を始発に「旭川行き」や「室蘭行き」のバスが出ていて、そのバスに長時間揺られて北海道の大地を眺めるのが気持ち良いんですよ。だから、目的地はどこでもいいからバスに乗って旅してほしい。

Q19 北海道の思い出の場所は？

A パッと思いつくのは、「絢ほのか」っていうスーパー銭湯。漫画が沢山あって大好きです。実家帰ると必ず行ってました。

Q20 北海道ならではの好きな言葉は？

A「なまらうまい」。本当に美味しいものを食べた時に言っちゃいます。

Q21 出掛ける時必ず持っているものは？

A 最近はコーヒーを水筒に入れて持っているのと、文庫本も常に4冊くらい鞄に入ってます。どれが読みたくなってもいいように。

Q22 好きな食べものと苦手な食べ物は？

A 好き→茶碗蒸し　嫌い→なし　基本的になんでも食べられます。

Q23 気合いを入れる時に食べるご飯は？

A 牛丼。大事なシーンの現場に行く前は食べます。

Q24 コンビニでよく買ってしまうものは？

A 200円くらいで売っている茶碗蒸し。

Q25 自炊はしますか？得意料理は？

A 毎日します。お酒のつまみで作ってるのは、鯖の味噌煮缶に玉ねぎや豆腐を入れてお味噌と白だし溶いてぐつぐつ煮込んだ、「サバの味噌煮缶を使ったサバの味噌煮込み」（笑）。あと最近は炊飯器でカオマンガイを作って、稽古前に食べます。

Q26 プライベートでは酔うとどんな感じになりますか？　お酒は強い方ですか？

A あんまり変わらないです。強くはないと思います。飲みの場では人の話を聞くことが多くて、そこで情報収集してるかな。

Q27 一日の中で好きな時間、大切にしている時間を教えてください。

A 夜寝る前。布団に入ってどの本を読もうかなあって言う時間ですね。YouTube見まくってちょっと罪悪感にさいなまれたりする時間も好きだったりします。

Q28 休みの日は何をして過ごしていますか？

A 古本屋に行って本を買うと、1日が充実します。買った本をテーブルに山積みにして、それを眺めてます。最近は周りの方へのプレゼント探しに出かけることも多いです。

Q29 口癖は？

A「マジっすか？」ってめっちゃ言います。

Q30 家の中で一番気に入っているものは？
A 本棚。ほかは全部いつなくなってもいいけど、本棚はなくなったら泣きますね。
Q31 ブログで「帰ってYouTubeを見たいと思っている裏の自分」がいると書かれていましたが、どんな動画を見ますか？
A 霜降り明星さんの漫才・コントや、格闘技チャンネル。
Q32 好きな色は？
A 赤と青。どっちも捨てがたい。自分の持ち物も、赤と青が同居してます。
Q33 好きな香りは？
A 香りに名前ってあるのかな。赤ちゃんの香りってめっちゃよくないですか？（笑）
Q34 一番好きなお花は？
A カスミソウ。カスミソウだけを束で買って、小分けにして部屋の各地に飾ると雪っぽくていい感じです。
Q35 猫派ですか？犬派ですか？
A 強いて言うなら猫…。でも動物は怖くて苦手です。
Q36 自分のことを動物に例えると？
A 猿しか思いつかない（笑）。
Q37 1日メディアの社長になったらどんな番組を流しますか？
A 「月曜から夜更かし」が好きで、街で生活してる人が一番面白いなと感じるので、そういう人たちの相談に誰かが乗るっていう番組をやりたい。あとは旅番組。「世界ウルルン滞在記」面白かったですよね。
Q38 自分の顔のパーツでお気に入りは？
A 唇が富士山型なところ。美由紀さんに言われて、その時から好きになりました。
Q39 初対面の人にまず自分のどこをアピールしますか？
A 握力の強さ。握手する時の握りの強さには自信があります（笑）。強かった人って、忘れられないんですよね。
Q40 弱点はなんですか？
A くすぐられると絶叫します。断末魔の叫び声が出ます。
Q41 「そういう風に見られないけど意外と○○」と思っていることはありますか？
A 走るのが遅い。速そうって言われるんですけど、めっちゃ遅い。
Q42 体調ケアに気をつけていることや欠かせないグッズは？
A 食生活。食事が疎かになると精神も荒れますね。グッズは特になし。
Q43 落ち込んだ時の立ち直り方を教えてください。
A まず寝続ける。そして美味しいご飯を食べる。本当に落ち込んでる時って何も食べる余裕ないし食べても味がしないんですけど、それを美味しいと感じた時、復活を感じます。
Q44 ストレス解消法は？
A 最近だとボクシング。お風呂もお塩を入れてつかるとスッキリします。
Q45 衣食住の優先順位は？
A 食 住 居
Q46 「かっこいい」「かわいい」「優しい」「面白い」言われて1番嬉しいのは？
A 「面白い」
Q47 苦手な人がいる時どう接していますか？
A ちゃんと興味をもって話しを聞くようにします。
Q48 結婚願望はありますか？
A あります。
Q49 子供は何人欲しいですか？
A 授かりものなので、授かった人数欲しい。
Q50 好きな女性の仕草はなんで

すか？

A コップに飲み物を継いでこぼれそうになったのを「あっ」って言って口ですする時。その瞬間見逃さないようにしてます。

Q51 人として魅力的だなあと思うのはどんな人ですか？

A 人の話をしっかり聞ける人。

Q52 季節さんが思う親孝行はどんなことですか？

A したいなと思いながらできないのが親孝行って感じがしますよね。したいなと思っている状態が大事なのかな。僕はまだ全然できてないです。

Q53 物事を決める時は直感的に、もしくは論理的に、どちらですか？

A 直観。

Q54 寝る時の格好は？

A スウェットにTシャツ。寒いと靴下履きます。服部みれいさんの冷えとりについて書かれた本を読んでから、靴下履いて寝るようにしてます。

Q55 1番の宝物はなんですか？

A 記憶と本。

Q56 今一番欲しい物は？

A あまり物欲がなくて…。ダイニングテーブルとか新しい洗濯機とか、漠然とはあるけど、別になくても困らないかな。

Q57 一番怖いことはなんですか？

A おばけはめっちゃ怖い。本当にいるんじゃないかって気がしてるので。ホラー系の映画は一人で観たことないです。

Q58 自分にとってのヒーローはどなたですか？

A 井浦新さん。コロナ禍でミニシアターを守る活動をしている新さんを見て、自分にはまだ真似できないなあと思いました。

Q59 実際に会ってみたい歴史上の人物は？会ってなにをしたいですか？

A 宮本武蔵！ 本当に強い人ってどんな顔をしてるのか、雰囲気、たたずまいとか、強い人のオーラを見てみたい。同い年で活躍している格闘家の朝倉未来さんを見てると、宮本武蔵ってこんな感じなんだろうなと思うんですよね。

Q60 様々な経験を重ねた30歳の季節さんが今、一番行きたいのはいつ頃の時代でしょうか。

A 戦後から昭和の高度経済成長期、昭和の香りがする街で幼少期を過ごしてみたい。

Q61 宝くじ3億円当たったらどうする？

A 人に配る。「めちゃめちゃいいことあったわ～」って言って（笑）。

Q62 最近優しいなと気付いた人の行動や言葉を教えてください。

A 最近…なんだろう…。マネージャーさんかな。追い詰められて「（書籍の原稿を）これ以上書けません」って連絡したら、すぐ電話をくれて…優しいなと思いました。メールじゃなくて人の声で励まされるのって、力だなあと。

Q63 運命ってあると思いますか？

A あると思います。幽霊信じてるくらいですから。目に見えないものを信じがちです。

Q64 妄想はしますか？ どんな妄想をしますか？

A します。将来、アカデミー賞を受賞したらどんなスピーチしよう～とか。変顔したらどうなるんだろうとか（笑）。

Q65 前世はなんだと思いますか？

A ある女優さんにお坊さんって言われたことがあります。お墓行くと心が落ち着くし、歩くのも好きだし、お坊さんっぽいことしてるなあって感じる節はあります。

Q66 生まれ変わるとしたら、何になりたいですか？

A ゴリラかなあ。ディズニー映画の「ターザン」が好きで。かわいいですよね。

Q67 今20歳なのですが、後悔ない20代を過ごすためにこれをしておいた方がいい、ということなどあったら教えてください。

A 後悔のない20代ってないと思うんだよなあ〜。でも本は読んだ方がいいですね。

Q68 悩みは相談する側とされる側、どちらが多いですか？

A される側。あらゆる人から恋愛相談をされることが多いです。

Q69「これをするまで死ねない」ことはありますか

A 夢だった本も出せるし…。納得のいく俳優になるまで、ですかね。

Q70 俳優になりたいと思ったきっかけはなんですか？

A 子供の頃から映画が好きだったから。

Q71 ブログの文章は、どんな時、どんな場所で考えて、どのように書き留めているのでしょうか。

A 書かなきゃ！ って2、3日思って、ある日布団の中でスマホにパッて書きます。

Q72 お仕事で嬉しい瞬間、好きな過程は？

A オファーをもらった時と、会ったことのない人に会えた時は嬉しいです。好きな過程だと、撮影現場でみんなで昼ご飯食べている時は幸せだなと思いますね。

Q73 仕事のためになにか我慢していることはありますか？

A 食事制限はきついです。ちょっとむくんだりするだけで印象変わっちゃいますから。

Q74 どうやって台詞を覚えていますか？ 台本には書き込みをする方ですか？

A 反復。覚えて忘れて覚えて忘れてを繰り返す。書き込みはメモ魔ってくらいめっちゃします。

Q75 演技の中で涙を流す時はどんなことを感じたり思ったりして演じられていますか？

A できれば自分の経験を引っ張り出して、みたいなことはしたくなくて、目の前に起きていることに自然と感動できるようにしたい。そういう感動できる心を常に持っていたいというか、感受性を高く持っていたいです。

Q76 今まで「これは過酷だった…！」と思う撮影現場を教えてください。

A「すじぼり」「全員死刑」…小林組が多いな。バイオレンス描写が多かったので、苦しかったり痛かったり真っ暗だったり、身体的苦痛が多かったです（笑）。でも作品は今でも観ます。

Q77 今まで演じた役の中で自分と一番近い役は？

A「ケンとカズ」のテル。

Q78 逆に理解するのに一番苦労した・難しかった役はありますか。

A 舞台の役は理解しがたいことが多いかも。「ドードーが落下する」の信也は難しかったです。

Q79 一番引きずった役柄は？

A 同じく「ドードーが落下する」の信也。

Q80 収録後、プライベートや次のお仕事への切り替え方はどうされていますか？

A 美味しいご飯食べて、美味しいお酒を飲む。

Q81 仕事で心の余裕が無くなった時の対処方法は？

A 無理矢理にでも映画観たり本読んだりします。

Q82 もう一度行きたいと思うロケ地はどこですか？

A 天草（「のさりの島」）と、岐阜の白川町（「his」）。

Q83 地方ロケに持って行く必需品はありますか？

A 本しか思い浮かばないなあ。

Q84 舞台本番前に必ずすることは？

A 劇団た組では、ごきぶりポーカーっていうカードゲーム。それでガッとテンションを上げます。

Q85 舞台上で大失敗したことはありますか？

A 「青い瞳」という舞台で、絶対に間違えちゃいけない人物の名前を思いっきり間違えました。その時お客さんに背を向けていた中村獅童さんがこっちを見て、めっちゃ笑ってました（笑）。その光景は一生忘れられないです。

Q86 この映画、この作品は藤原季節を知る上で絶対に見てほしい！という作品はありますか？

A 「佐々木、イン、マイマイン」と「のさりの島」。

Q87 今まで関わった作品の台本など取っておく方ですか？

A 映画は捨てられないです。

Q88 仲の良い俳優さんは？

A 中山求一郎。

Q89 この人といつかお仕事してみたいと思う方は？

A いすぎて難しい！

Q90 共演したい役者さんは？

A 菅田将暉さんと池松壮亮さん。

Q91 歴史上の人物で演じてみたい人はいますか？

A 新選組の斎藤一。寡黙で剣客ですよね。

Q92 殺陣をしている季節さんを見たいです。

A 見せましょう！

Q93 もし役者をやっていなかったら、どんな仕事をしていたと思いますか？

A 学校の先生かな。現代文担当で、文章の面白さを伝いたい。

Q94 俳優を目指しているのですが、演技をする時とても緊張してしまいます。季節さんは緊張した時どの様に平常心を保ちますか？

A 場数としか言えないですね。僕も最初は手震えてました。

Q95 季節さんにとって役者の醍醐味はなんですか？

A 同時に二人分の人生を生きられるところ。

Q96 自分の好きなことを仕事にしても辛いことはありますか？

A 辛いことだらけですよ。「耳をすませば」の雫のお父さんのセリフで、「人と違う生き方は、それなりにしんどいぞ」ってあるんですけど、その通りだなって。

Q97 理想の俳優像を教えてください。

A 安易なものに魂を売らない俳優でありたい。

Q98 海外での活躍は目指していますか？

A 目指してたけど、今は日本での活躍が一番かな。

Q99 30代、挑戦したいことはありますか？

A タップダンス。今から習い始めたいくらい。暇な時とかその場で踏めるし、道具も何もいらないから。

Q100 将来どんなおじいちゃんになりたいですか？

A 自分のおじいちゃんみたいになりたい。

宮沢賢治のいる花巻へ

宮沢賢治の妹のトシが天に昇っていったのは、一九二二年の十一月二十七日。僕はたまたま二〇二二年の十一月末に、宮沢賢治がトシのことを書いた詩を朗読しようと決めた。トシが昇天してから、ちょうど百年が経っていた。それを教えてくれたのは、花巻に住むある女性だった。方言で宮沢賢治の詩や物語を朗読する、伊藤諒子さんという七十七歳のおばあちゃんだ。

ウェブに掲載された新聞記事を見つけた僕は、その問い合わせ先に電話をしてみた。すると電話に出たのは、まさかの本人だった。

「伊藤さんが方言で宮沢賢治を詠んだＣＤを販売していると知ったんですが、そのＣＤはまだ手に入りますか？」

「うん。でもあと七枚だからねえ」

「本当ですか、それ東京にいる僕にも売ってくれますか」

「そうねえ」

「僕、宮沢賢治が好きなんです。収録されてるのは『青森挽歌』ですね」

「『青森挽歌』の三よ」

「そうですか！　それと『永訣の朝』からの三部作ですね」

「そう。今年はトシが亡くなってから、ちょうど百年だからねえ」

「え…あ、そうかあ。ちょうど百年かあ」

僕は部屋の中から、思わず天を仰いだ。

「三日前くらいにも、花巻のみんなで朗読会をやったのよ」

「そうでしたか」

「ＣＤ郵送するわね。住所教えてください。届いたら、ゆうちょの口座に振り込んでね」

「あ、届いてから振り込めばいいんですか」

「そう。メモ入れておくから」

「わかりました！　ありがとうございます！」

数日後、届いたCDには手紙が同封されてあった。


CDお送りします。

とし子が亡くなって百年。

この年に、とし子を偲《しの》んで書かれた詩をお届けできることをうれしく思います。

どうぞ、聞いて下さい。


百年か。それで僕はその電話以来、なんとなく花巻のことを考え続け、二〇二三年一月四日、居てもたってもいられず花巻を目指すことにした。

郵送してもらったCDを聴いてみた。力強く、誠実で真っ直ぐなその朗読は、宮沢賢治の消し去ることのできない哀しみ、妹のトシの熱や喘ぎの情感、そして花巻の風景や色彩までもが、ありありと想像の中に浮かび、気がつくと僕は涙を流していた。それは、信じられる朗読だった。

花巻を訪れると、僕は旅館から伊藤さんにメールをしてみた。いま花巻に来ているので、明日お時間があればお会いできないかと、突然聞いてみた。いつも急な連絡になってしまうのは僕の悪い癖だ。行き当たりばったりの旅をしている僕は、先々の約束をするのがどうしても苦手で、その約束を守るために動いたり、カレンダーが黒字で埋まって余白がなくなってしまうのが、一人旅なのに勿体ないと思ってしまう。会える時は会えるし、会えない時は会えない。


伊藤さんからは、すぐに返事が来た。

「ありがたいことに自分の好きなように時間を使うことができる今をいただけております。(宮沢)賢治記念館に行けばいいですか」

旅の記録

宮沢賢治の故郷へ

二〇二三年 一月四日

東京脱出。
冬の青い空を部屋の窓から見つめるたび、その青が僕を待っている気がした。居ても立ってもいられない。出発しよう。僕は旅に出ることにした。

目的地は岩手県花巻市。

花巻は宮沢賢治の故郷だ。電車で向かう。到着は明日になるだろう。僕はこの移動が好きだ。青空と地平線。まるで水の上を走っているようだ。電車が天と地の間を走り抜ける。

自由。僕は自由を感じる。いま僕がいる場所を知っている人は世界に誰もいない。こんな田舎道をひたすらに北上しているんだ。僕

は、やがて襲ってくる寂しさのことも知っている。でも寂しくないとわからないことがある。もしかすると、この世界のほとんどのことは寂しくないとわからないのかもしれない。そんなことはないか。
福島に着く。写ルンですを持っていったが、最初に撮ったのはラーメンだ。恥ずかしい。当たり前だけど、フィルムは消せない。もう後戻りができない時間を生きている。電車は逆行しない。進んでいく。ゆっくりとだけど、進んでいる。座っていても眠っていても。それが心地いい。許されている気持ちがする。進んでいるからだ。
駅のホームに粉雪が舞い込んでいる。寒い。今夜は仙台に一泊し

て、明日花巻を目指す。電車に乗りながら、賢治の心を想像する。

仙台のビジネスホテルに大浴場がなかった！ くやしい！ 最近のビジネスホテルはちゃんと探せば大浴場がついている。駅前ではなく、少し街を歩くために駅から三十分も離れた国分町のホテルを予約した。こちらのほうが値段も少し高かったのに。駅前のホテルには大浴場がついているではないか！ リサーチ不足。明日こそ、温泉つきの宿に泊まる。温泉！ 温泉！

一月五日

今日、寝坊した。のさった。

一本目の電車に乗り過ごして、花巻に着くのが二時間ほど遅れる

ことになったので、僕は悲しい気持ちになっていた。東北の人は、基本急がない。エスカレーターでも必ず立ち止まる。東京では、エスカレーターの左側に止まっている人がいて、右側の人は歩いて上がっていくものだけど、東北では両側で立ち止まる。急いでいるのは僕だけだった。なんだかずいぶん、東京の速度感に慣れてしまっていたようだ。乗るはずだった電車に乗り過ごした僕は「のさり」という言葉を思い出した。

「落ち込むことはない、この時間は天からの恵みかもしれないぞ」

それで、急いで花巻に向かうのはやめることにした。急ぐのをやめた僕は、塩釜駅のホームに座り込んだ。すると陽光が差した。温かかった。そのまま一時間。天の

恵みを感じた。その間、イヤホンをつけて伊藤諒子さんの朗読を聴いて、少し泣いた。

何処かで帽子を買おう。耳が冷たい。旅を続けると服装が変わっていくのはよくあることだ。

p.s. 僕が寝坊した理由。それは花巻にある温泉つきの宿を夜中まで探していたからだ。

一ノ関駅で待ちぼうけをする僕の目に、平泉という文字が入ってきた。そうか、ここは平泉が近いのか。駅前でぼーっとしていると、中尊寺行きのバスが停車する。中尊寺といえばたしか平泉の国宝だ。気がつくと僕はそのバスに乗車していた。

実は札幌にいる大切な知り合いが、今月癌の手術を受ける。もう三度目の再発だ。それで僕はどこかお守りを買える場所はないかとずっと機会を狙っていたのだ。その機会が唐突にやってきた。

中尊寺の本堂で病気平癒のお守りを手に入れて、本堂を出た瞬間、雲間から太陽が出現して僕を照らした。大丈夫、きっと大丈夫だ。悩みに悩んで風鈴を買って、僕は平泉をあとにした。

花巻に着いたのは日も暮れる頃だった。月が丸くて美しい夜だ。土沢という駅に降り立つ。ここは「銀河鉄道の夜」の始発駅のモデルになった場所らしい。温泉を必死に探していた僕は偶然、この土沢という場所に東和温泉を見つけた。するとそこが銀河鉄道だったわけだ。

今日はなんと写真家の友達である信岡が土沢まで来てくれる。昨日誘っての今日。すごい行動力。昨夜、土沢駅まで迎えに行くと、青白い景色の中に佇む無人の駅は「銀河鉄道の夜」そのものであった。

一月六日

昨夜は土沢駅の居酒屋で信岡と食事。お母さんと、ゆきちゃんの二人でやっているその小さなお店にはメニューがない。その日の食材で、作りたいものを作っているそうだ。

「お食事はお任せだけどいいですか?」

「あ、はい、お願いします」

まずは茶碗蒸し、次に白子ポン酢、焼き海老、かにグラタン、小魚の揚げ焼き、秋刀魚の塩焼き、唐揚げ、ツナサラダ、天ぷらそば……待って待って。量が多いな! しかも驚くなかれ、これが一人一皿やってくるのだ。二人で一皿じゃない、一人一皿だ。

大盛り天ぷら蕎麦をなんとか食べた僕は、お腹がパンパンになっている。そこにゆきちゃん、

「お母さんからのサービスです」

やってきたのは、カレーライスだった。う、うそだろ。しかしこれが一口食べると旨い! 祖母がよく作ってくれたカレーの味に似ている。一瞬でたいらげた。

お店の閉店は二十一時だったはずだが、仕事を終えたお母さんが酒を片手にやってきた。

「さ、オレも飲むかな」

　結局僕たちはそれから三時間近くも話し続けた。お母さんは宮沢賢治の話もたくさん聞かせてくれた。

「魂っていうでしょ。あれは実体のないものだけど、みんなが魂の話するってことはやっぱりあるんじゃないかなって思うのよ。自然界の法則として、重ければ沈んでいくし、軽ければ上に上がっていくとオレは思うんだ」

「どうすれば上に上がっていくんですか？」

「ウソをつかないことだ。ウソをつくってすごくエネルギーを使うことだし、またウソをつかなきゃ

いけなくなる。そしたらやっぱり重くなっていく。失敗したら、隠したりせず、すぐ全部話して謝っちまった方がいい。すーっと軽くなるから」
　ありがたい話を聞けたなあと思う。そして、うまく言えないけど、お母さんの話に宮沢賢治的なものを感じた。これがこの土地の風土なのかもしれない。

　今朝は、遠野という場所を目指している。土沢駅から出発する。銀河鉄道に乗って。この場所でジョバンニとカムパネルラが鉄道を待っただろうか。この電車の窓が水族館の窓になって、大きなりんごの中を走り、サザンクロスを目指しただろうか。車室の軋りは天の楽音。面白いことに、僕は旅

に出てからというもの、ただの一度も音楽を聴いていない。

遠野で一日撮影をし、土沢駅で信岡と別れる。僕はホームに降り、信岡は電車に残った。その僕を車内からカメラで撮ろうとしてくれたけど、うまくいかなかった。でもその様子が楽しかった。急いでいたためか、別れの挨拶がちゃんとできなかった。彼女は明日が三十歳の誕生日らしい。突然の誘いを受け、誕生日の前日に花巻まで来てくれる友人に感謝。ありがとう、そして誕生日おめでとう。

友人と別れると、一気に静けさに襲われた。正直に言って寂しかった。これが一人旅であったことを一瞬忘れていた。撮影が楽しかっ

たから、余計切なかった。カメラの前でこんなに素を出したことはない。そもそも写真を撮られること自体が苦手なのだ。でも今日は笑うことができた。

写真撮影が楽しかったことに僕は驚いた。シャッターを切り、フィルムに永遠が焼き付けられる。その一瞬の表情、それはどこまでも自由なんだ。自由の一瞬を切り取る。そのための努力を僕はサボってきた。自由を勝ち取ってこなかったのだ。そのことがよくわかった。二十代最後に友人に写真を撮ってもらうことができてよかった。この心のざわつきは、友人との別れの寂しさと、過去の自分に対する気づき、そして新しい自分との出会い。これらが一夜に押し寄せた

ためだ。

慣れない土地で、まるでプラットホームに一人取り残されたように、不安になりながら自分を見つめる。それは孤独な作業だけど、自由を勝ち取るために必要な時間なんだ。

一月七日

ある人に会うために、宮沢賢治記念館へ向かう。七十七歳の伊藤諒子さんだ。

約束の一時に記念館に入ると、カフェスペースの大きな窓際の席に座っている一人の女性が目に入った。すぐに伊藤さんだとわかった。僕が近づくと、伊藤さんはゆっくり立ち上がって挨拶をしてくれた。

僕らはそこで一時間以上、宮沢賢治について語り合った。その後伊藤さんは車で、イギリス海岸という場所に連れて行ってくれた。賢治が名付けたイギリス海岸という場所は、北上川のとある川岸のことで、色んな物語や詩にも登場している。

イギリス海岸は美しかった。雲におおわれた冬の太陽の温かな光芒が、川岸に降り注ぎ、空気はどこか青白く見えた。

僕らはそこでのんびり川を見つめながら、ゆっくり歩いた。途中ですれ違った通行人の親子に写真を撮ってもらった。

そろそろ帰ろうかという頃、伊藤さんが僕に朗読を聴かせてくれ

ることになった。宮沢賢治がイギリス海岸で考えたといわれる「薤《かい》露青《ろせい》」という詩だ。忘れられない時間になった。北上川の水の音や鳥の鳴き声を聞きながら、伊藤さんの澄んだ声がイギリス海岸に響き渡る。この詩には、賢治がこのイギリス海岸で感じていた、亡くなった妹の死に対する胸いっぱいの哀しみと、希望のような美しさをもって死を受け止めようとする想いとが、美しい北上川と、薄明の空の中に書かれている。伊藤さんが朗読を終えてから、自然と涙があふれてきた。

　僕らが車まで戻ろうとした時、伊藤さんはあるベンチを見て、

「私の亡くなった友人が、この川が好きで、よくこのベンチでお弁当を食べていたの」

と言った。僕が、

「きっとその友人も、さっきの朗読を聴いてくれてたと思いますよ」

と伝えると、伊藤さんは静かに感嘆の声をあげて、何かを考えていた。イギリス海岸には桜の木がたくさん生えていた。花巻では五月になってから桜が見頃になるらしい。今度は春、桜が咲く頃に会いに行きます。伊藤さんありがとうございました。いつまでもお元気で。

　僕は宮沢賢治記念館を閉館の時間まで見学した後、電車に乗った。次の目的地は、札幌だ。大切な人にお守りを届けようと思った。

一月八日

　新青森駅に一泊し、始発に乗る。北海道新幹線を使えば、昼には地元に帰れる。昔は青函トンネルを

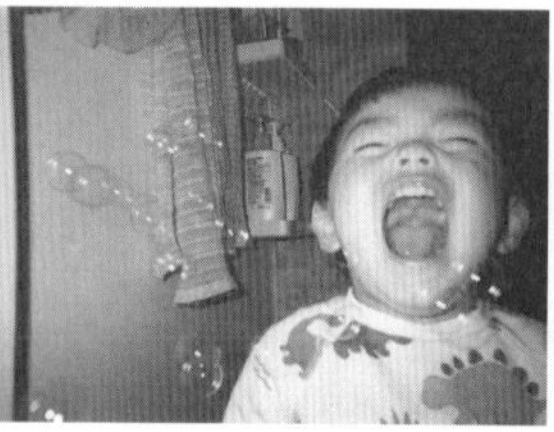

繋ぐ鉄道があったので夜行列車に乗って移動したけれど、新幹線が開通してからはどれも廃線になってしまった。なつかしの「急行はまなす」。

昼、実家に着くと、二歳の甥っ子と生まれたばかりの姪っ子が出迎えてくれた。姉の子だ。甥は僕のことが泣くほど好きだが、姪は僕と目が合うだけで泣く。どちらにしろ二人とも泣かせている。

夕方前に姉は自宅へ帰る。甥が僕と離れたくなくて号泣する。可愛かった。

夜はお守りを届けるために、ガンの手術をするその人の家へ行く。その人は友人の母で、いくさんと呼んでいる。ガンになるのはもう

三度目だ。友人とその奥さんと子どもたちも含めて、みんなでご飯を食べる。いくさんは癌に負けたくない気持ちと、流石にしつこい癌の治療への不安で、少し弱っていた。それでも気丈に振る舞い、僕に沢山のごちそうを食べさせてくれた。いくさんのおでんは日本一だ。いや銀河系で一番うまい。

僕が札幌に帰ってきたことを、友人は祖母にも伝えていたようで、「もしもしおばあちゃん、藤原季節かえってきたよ。北海道新聞に載ってた人だよ」

電話はそのままいくさんに代わる。友人の祖母は、当たり前だが、いくさんの母だ。少し話した後、いくさんが言う。

「お母さん、ごめんね。若い頃は

一月九日

散々ツッパリで迷惑かけたけど、今度は病気で迷惑かけちゃって。ごめんね。私も人の子なんだなって思うよ」

その日の夜、いくさんは泣いていた。僕も一緒に泣きたかったのに、強がって泣かなかった。

別れ際、玄関のドアが閉まる瞬間のいくさんの表情が切なかった。思い出すと胸が痛くなる。また必ず会いたい。手術、がんばって、いくさん。

目が覚めると、旅支度の服がまるっと洗ってあり、靴まで磨かれている。昔靴屋で働いていた母は、いつも旅や仕事で履き潰してボロボロになった僕の靴を磨いてくれる。

母と二人、バス停まで歩いて行く。いつも実家を出る時は、母がバス停まで送りにきては、寂しそうな顔をする。

「健康だけは気をつけて」

と何回も言われる。僕まで寂しい顔をするわけにはいかないから、僕はヘラヘラ笑って、

「大丈夫。母さんもね」

と言う。バスに乗った僕に、母は手を振り続ける。バスは札幌駅を目指し、国道三六号線を進み続ける。僕はうしろを振り返らない。バスが見えなくなるまでそこに立ち続ける母の姿を見る勇気がなかった。僕の気持ちと裏腹に、靴だけがもう新しい一年に向かって、ぴかぴか光っていた。

東京を目指し、列車に乗っている。今とても寂しい。こんなに寂しい

一月十日

気持ちになるのは、列車の窓の外がすっかり夜だからだろうか。月が北海道の暗い海を照らしている。

もうすぐ旅が終わる。

列車内で病人が出た。女子高生が苦しそうに倒れて、必死に息をしている。乗務員が駆け寄り、救急車を呼ぶ。僕はその様子を離れたところから見ている。今すぐ駆け寄ればいいのに、行って何ができるんだろうと思うと、体を動かす勇気が出ない。

隣に座る若者は、他人事のようにスマホを見続けている。僕はそのことに驚くけれど、離れたところで見つめていることしかできない僕と、この若者との間に、どれだけの違いがあるのだろう。

救急車が女の子を運び出し、列車は進み出した。

列車が混んできた。高齢の人に席を譲ろうと思って立ち上がったが、別の人が座ってしまった。悔しかったが、

「必要な人がおったとよ」

映画「のさりの島」の艶子おばあちゃんの声が聴こえてくる。少し離れたところでは赤ちゃんを抱きかかえた母が立っている。誰も席を譲ろうとしない。こんな世界間違っている。けれども僕はその場から動こうとしない。赤ちゃんはスヤスヤ眠っているし、今は立っている方がお母さんも楽なのかもしれないと自分を納得させる。

夜。もうすぐ東京に着く。黒磯

駅から宇都宮行きの列車への乗り換えには数分しか時間がなかった。それなのに階段を上って、隣のホームまで移動しなければならない。一人、足の悪い高齢の男性がいる。宇都宮に向かうのだろうか。僕は階段を上りきったところで振り返る。男性は遅れている。おぶっていって走ろうか。でも僕も間に合わないかもしれない。僕は戻らなかった。

列車に乗った。列車の窓から男性がホームに降りてくるだろうかと見つめていたが、男性は現れなかった。間に合わなかったのか、この駅で降りたのか。列車は東京方面へ進み出した。

自分の心の偽善がよくわかった一日だった。もうこんな想いはし

たくない。病人がいればすぐ駆け寄り、精一杯人と関わり当事者になろう。「大丈夫」と言って、背中をさすってあげよう。足の悪そうな人が苦労をしていたら、おぶって一緒に歩こう。それで約束の時間に遅れたってかまうものか。

雨ニモマケズ　風ニモマケズ

一生懸命に生きるとは、そういうことなのかもしれない。

おわりに

僕は毎日、観客よりも近い距離で、俳優たちを見ている。
それにしても俳優は、なん美しい瞳で演技をするんだろう。僕は
きっと、この青く光るような輝きを、ずっと見ていたいんだ。
最近はボクシングを始めた。趣味は本と映画。欲しいものは何
かと聞かれても答えられない。人知れず、自分のことを表現したい、
そんな孤独な欲求だけが僕の中にある。
この本を書いて良かったとか、今はわからない。本当は、少し不安
で、少し恥ずかしい。一つわかっているのは、僕はこれからも
物語を読み続ける。それだけだ。
この本は、ワニブックスの竹下詩織さん、そしてマネージャーの

安藤泉美さんの力添えがなければ、決して完成しなかった。僕よりもこの文章を読み返したであろうお二人に、最大の感謝を。そして、僕を拾ってくれた松田美由紀さんを始めとした愛すべき登場人物たち、この本を読んでくださった読者の皆様、いつも応援してくださるファンの皆様に、最大の愛を。

世界が急速に変わっていって、新しく生まれた法律で分断が進んでいって、隣人が誰かわからなくなって、機械に「ごちそうさま」と呟く日が来ても、ひとりぼっちでも、傷ついても、君の中にある物語は失われない。そのことを覚えておいてほしいんだ。

めぐるきせつ。僕はここにいる。永遠に。

藤原季節

文―――藤原季節
撮影―――信岡麻美
デザイン―――齋藤知恵子
編集―――竹下詩織
アーティストマネージャー―安藤泉美
協力―――オフィス作

藤原季節
めぐるきせつ

二〇二三年九月十日　初版発行

発行者　横内正昭
発行所　株式会社ワニブックス
〒一五〇―八四八二
東京都渋谷区恵比寿四―四―九　えびす大黒ビル

印刷所　大日本印刷株式会社

Printed in JAPAN 2023　ISBN 978-4-8470-7307-6

お問い合わせはメールで受け付けております。
HPより「お問い合わせ」へお進みください。
※内容によりましてはお答えできない場合がございます。

ワニブックスホームページ　https://www.wani.co.jp/

53
52

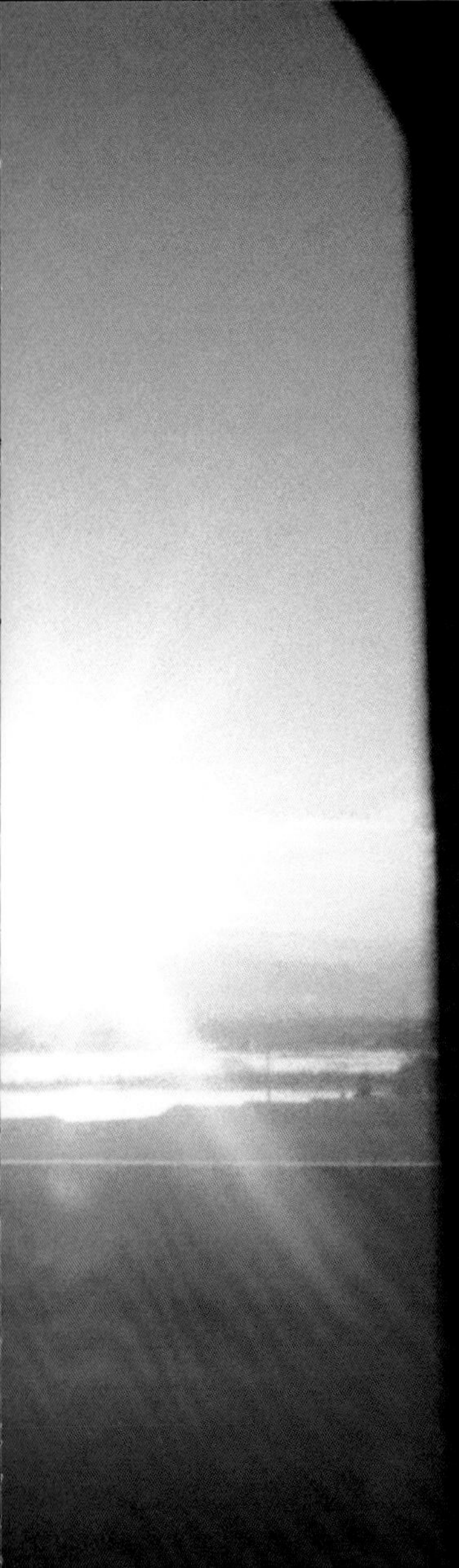